Friedrich und Dagmar Strauß

Balkon
Träume

Friedrich und Dagmar Strauß

Balkon Träume

Fotos
von Friedrich Strauß

Die schönsten Ideen
für alle Lagen
und für das ganze Jahr

BLV

Inhalt

6 EINLEITUNG

11 AUF DEM WECHSELBALKON
IST IMMER SAISON

12 Der Sonnenbalkon
13 Beschwingter Auftakt
der Balkonsaison
19 Einleitung zum Portraitteil
31 Sommerliche Oasen
auf dem Balkon
81 Herbstlicher Ausklang
der Saison
91 So attraktiv kann der Winter sein

93 Der Halbschattenbalkon
94 Frühjahrsblüher bringen Farbe
97 Herrlich bunte Blütenvielfalt
106 Die warmen Farben
des Herbstes
107 Winterlicher Zauber

109 Der Schattenbalkon
111 Dezente Blüten leuchten
im Dämmerlicht
113 Blütenzauber auch im Schatten
126 Ein langer, goldener Herbst
127 Dauerhafter Winterschmuck

129 BALKONIDEEN

129 Der Bauerngarten
auf dem Balkon
137 Rankende Blütenträume
für den Sommer
142 Ein Potpourri für Genießer:
Duftpflanzen
146 Ein Balkon
für Nachwuchsgärtner
148 Naturschutz auf dem Balkon:
Wildpflanzen

155 IMMERGRÜN FÜR DAS GANZE
JAHR: DER DAUERBALKON

160 Üppiger Start in den Frühling
162 Es grünt und blüht im Sommer
166 Rosenzauber auf dem Balkon
168 Herbstlicher Jahresausklang
171 Die Natur legt eine
Ruhepause ein
173 Dauerhafte Kletterpflanzen

177 WEGE ZU EINER ERFOLG-
REICHEN BALKONGÄRTNEREI

178 Die richtige Auswahl, Pflanzung
und Pflege der Balkonpflanzen
190 Bezugsquellen/Register

Einleitung

Dieses Buch wendet sich an jene Hausbewohner, die mehr aus ihrem Balkon machen wollen. Es zeigt Möglichkeiten, wie aus einem grauen, unbewohnten Balkon ein kleines farbenprächtiges und blütenreiches Feierabendparadies werden kann. Dabei sollen die Gestaltungsideen als Anregung zu eigener Kreativität dienen.

Unglaublich ist es, wie man schon mit einfachen Mitteln und gut ausgewählten Pflanzen unterschiedliche und individuelle Stimmungen auf dem Balkon herbeizaubern kann. Vom Balkon mit mediterranem Charme über den eher ländlichen Charakter einer Bauerngartenidylle bis hin zum Wildblumenparadies ist alles möglich.

Es entstehen sonnige Sitzplätze im Grünen, naturnahe Kinderspielecken, grüne Wohnzimmer zum Entspannen und zur gärtnerischen Freizeitgestaltung in luftiger Höhe. Lassen Sie Ihrer Phantasie freien Lauf und erfüllen Sie sich den langersehnten Wunsch, ganz nach Ihren persönlichen Empfindungen und Bedürfnissen Ihren eigenen Balkon zu gestalten.

Nicht nur dem Gartenbesitzer ist es vergönnt, mit der Natur in engem Kontakt zu leben, auch ein kleiner Balkon kann diesen Kontakt mit der bunten Pflanzenwelt bieten. Hier rücken Mensch und Natur zusammen und die Eindrücke werden zum starken Erlebnis. Sommerlich lustige Blütenrabatten blühen in den Kästen

auf. Jeder Gang auf den Balkon wird zu einem Abenteuer, denn raffinierte Farbspiele verwandeln den Balkon in eine Blütenoase. So erhalten Balkone viele neue, individuelle Gesichter. Wichtigste Voraussetzung für das gute Gelingen dieser Ideen ist es aber, für die unveränderbaren Standortbedingungen des Balkons die geeigneten Pflanzen auszuwählen. Eine Balkonblume, die unter optimalen Bedingungen gehalten wird, bleibt gesund, üppig und blühfreudig. Damit Sie schnell und zuverlässig die für Ihren Balkon passenden Pflanzen finden, ist das Buch nach den Bereichen Sonnen-, Halbschatten- und Schattenbalkon gegliedert. Die Pflanzen werden innerhalb dieser Bereiche jahreszeitlich und nach Farben geordnet vorgestellt. Das hat den Vorteil, daß Sie dieses Werk auch gleichzeitig als Bestimmungsbuch der gebräuchlichsten Balkonblumen verwenden können.

Viele der Sommerblumen gedeihen in der Sonne sowie im Halbschatten. Aus diesem Grunde läßt sich beim Porträtteil schlecht eine klare Linie ziehen. Die Pflanzen für den Halbschattenbalkon werden deshalb im Porträtteil des Sonnenbereiches gemeinsam behandelt. In einer Tabelle im Halbschattenbereich sind dann die passenden Pflanzen nochmals aufgeführt.

So finden Sie schnell die für Ihre Lichtverhältnisse geeignetsten

Schon mit wenig Pflanzen läßt sich so ein gemütlicher Erholungsraum schaffen. Duftende Nelken hängen am Geländer und Bauernhortensie und Verbene stehen im Kübel auf dem Boden.

Balkonblumen. Im Anhang erfahren Sie alles über Pflanzung, Pflege und die eventuelle Überwinterung der Pflanzen.

Noch ein paar grundsätzliche Überlegungen vorweg: Bevor Sie jetzt mit vollem Tatendrang ans Werk gehen, sollten Sie zuerst die Standortverhältnisse Ihres Balkons genau studieren und auch ein Konzept ausarbeiten.

Auf einem vollsonnigen Südbalkon im zehnten Stock eines Hochhauses kann beispielsweise im Sommer ein wüstenähnliches Klima herrschen, während auf der Nordseite im Parterre eher feucht-kühles Klima zu finden ist. Aber selbst für diese Extreme gibt es noch eine Auswahl an Pflanzen, die auch noch solche Balkone in grüne Lauben verwandeln können.

Auf der Ost- und Westseite herrscht ausgeglichenes Kleinklima vor, so daß Sie hier die größte Auswahl an Balkonblumen haben. Sind Sie Besitzer eines Westbalkones, so gilt es daran zu denken, daß hier der Regen kräftig hinprasseln wird und die Pflanzen also eher wetterfest sein sollten. Der Besitzer eines Ostbalkones ist damit nicht geplagt, dafür müssen die Pflanzen im Winter trocken-kalte Ostwinde verkraften. Dies wird aber nur problematisch, wenn auf dem Balkon winterharte Gehölze stehen.

Was Sie für die sichere Überwinterung dieser Dauergäste tun können, erfahren Sie im Praxisteil.

Balkone, die »über den Wolken schweben« sind mehr oder weniger starken Winden ausgesetzt und die Pflanzenwahl muß dementsprechend getroffen werden.

Sind Sie sich über diese unveränderbaren Gegebenheiten im Klaren, sollten Sie sich noch Gedanken machen über den Pflegeaufwand, den Sie betreiben wollen. Denn die Kästen in allen Jahreszeiten neu zu gestalten, kostet einige Mühe und finanziellen Aufwand.

Bei der **Wechselbepflanzung** werden Kästen und Töpfe für die jeweilige Jahreszeit immer wieder neu bepflanzt, während bei einer **Dauerbepflanzung** winterharte Gehölze und Stauden Verwendung finden, die dann mindestens 5 Jahre im gleichen Gefäß bleiben können und wenig Pflege benötigen. Auch eine Kombination beider Verfahren ist möglich und wird im Kapitel »Dauerbalkon« abgehandelt.

Eine wichtige Frage ist noch die Urlaubsbewässerung, denn der Balkon kann zur Last werden, wenn kein geeigneter Blumenfreund die Sommergäste versorgen kann. Eine sinnvolle und optimale Lösung für die Sommerblumen ist natürlich eine automatische Bewässerung, die aber installiert werden muß. Dazu benötigt man einen Wasseranschluß, der meistens auf dem Balkon nicht vorhanden ist. Die Architekten haben ihn früher schlichtweg vergessen, da man an die »grüne« Nutzung des Balkons nicht dachte. Wie viele blühende Balkonoasen sind wohl schon durch diesen kleinen Fehler vereitelt worden? Befindet sich aber der Balkon in Küchen- oder Badnähe, so kann vielleicht noch nachträglich ein Anschluß installiert werden. Es lohnt sich!

Sollen nun die Kästen außen oder innen am Geländer befestigt werden? Eine Befestigung des Kastens

außen am Geländer ist zwar platzsparend, aber das nachtropfende Gießwasser kann für den darunterliegenden Balkonnachbarn lästig werden.

Die Kästen an der Außenseite dienen mehr als »Fassadenschmuck«, was bei den ländlichen Balkonen so üblich ist. In der Stadt aber soll der Balkon zum Wohnen und Genießen genutzt werden und so hängt man die Kästen am besten nach innen.

Das Wachsen und Gedeihen der kleinen Schützlinge kann ganz genau beobachtet werden, und dem wachsamen Auge des Gärtners entgeht nichts. Ratsam ist diese Aufhängung auch für windige Balkone in schwindelnder Höhe, denn die Blumen sind so besser vor Wind und Wetter geschützt.

Fertigen Sie auch schon bei der Gestaltung des Balkones Spaliere und Rankgerüste an, damit die eifrigen Kletterpflanzen sie mit einem grünen Teppich behängen können. So entstehen lebendige Wände als Sicht- und Windschutz, und graue Fassaden erhalten einen grünen »Anstrich«.

Aber auch noch einige statische Faktoren müssen berücksichtigt werden, denn die Belastbarkeit eines Balkons hat ihre Grenzen. Beispielsweise darf ein 10 m² großer Balkon bis maximal 350 kg/m² belastet werden.

Dieser Wert kann bei sehr großen Containern erreicht werden, da eine mit Wasser gesättigte Erde unglaublich schwer wird. Ein Liter nasse Erde wiegt ca. 2 kg. Ein 100 Liter-Container wiegt somit über 200 kg! Kommen jetzt noch 2 Menschen dazu, so ist man eventuell den 350 kg schon sehr nahe. Statisch günstiger ist es, die schweren Kübelpflanzen an die Balkoninnenseite zu stellen.

Die genauen Daten für Ihren Balkon erhalten Sie am einfachsten über den Hausbesitzer.

Ist nun alles soweit geklärt, können Sie mit der eigentlichen Bepflanzung beginnen.

Gehen Sie in Gärtnereien, Baumschulen und Gartencenter, so werden Sie überwältigt sein von dem riesigen und vielfältigen Balkonblumen- und Topfpflanzenangebot.

Dieses Buch aber wird Ihnen ein guter Wegweiser für die richtige Auswahl der Balkonblumen sein. Innerhalb der passenden Pflanzengruppen können dann persönliche Farbkompositionen kreiert werden und der Balkon wird zu Ihrem Freizeitparadies.

Auch der fortgeschrittene Balkongärtner wird in den folgenden Kapiteln viele interessante und neue Anregungen zur kreativen und abwechslungsreichen Balkongestaltung finden.

Die Bougainvillea und das Chrysanthemenstämmchen sorgen für Urlaubsstimmung den ganzen Sommer lang. Im Balkonkasten sind *Zinnia, Argyranthemum, Pelargonium* und *Centradenia* zu einer bunten Sommermischung vereint. Das regelmäßige, kräftige Gießen darf hier nicht vergessen werden.

Auf dem Wechselbalkon ist immer Saison

Mit der Verwendung einjähriger Frühjahrs- und Sommerblumen erschließt sich uns die Möglichkeit, auf einem sehr kleinen Bereich, wie ihn der Balkon nun einmal darstellt, immer wieder neue Kombinationen zu schaffen. Da bei einjährigen Blumen der Lebenszyklus nach einer Vegetationsperiode beendet ist, fällt es auch nicht schwer, unschöne Pflanzen gegen neue auszutauschen. Auf diese Weise können Sie Ihren Balkon für jede Jahreszeit völlig neu gestalten. Da viele unserer Sommerblumen aus heißen Ländern stammen, wo es nur eine kurze Regenperiode gibt, sind sie gezwungen, aus einer Überlebensnotwendigkeit heraus üppig zu blühen.
Diese Eigenschaft ist für den Balkonbesitzer von Vorteil. Im Gegensatz zu einer festen Bepflanzung kann man den Wechselbalkon jedes Jahr, ja sogar jede Saison, anders gestalten.

Ein Blütentraum auf kleinstem Raum. Das dominante Purpurrot von Fleißigem Lieschen, Petunien und Verbenen wird durch das kräftige Violett-Blau des Sommerphlox gesteigert und sorgt für ein raffiniertes Farbspiel. Eine hübsche Auflockerung erhält die Gestaltung durch den weißen Salbei und das malerische Laub des Bambus.

Schon bald stellt sich heraus, mit welchen Pflanzen Sie am meisten Erfolg haben und Ihre Lieblingsbepflanzung wird sich herauskristallisieren. Vielleicht sind Sie ja ein Duftpflanzenliebhaber oder eher ein Nutzpflanzengärtner, jeder nach seinem Geschmack.

Es wird sich Ihnen ein weites Experimentierfeld eröffnen.

Auch für den Balkongärtner gilt dann der Spruch von Karl Förster: »Wer der Garten(Balkon)leidenschaft verfiel, ist noch nie geheilt worden, er fühlt sich immer tiefer in sie verstrickt«.

Der Sonnenbalkon

Ein kurzes Sonnenbad oder eine erholsame Pause unter dem Sonnenschirm inmitten einer bunten Blumenpracht – das sind wohl die typischen Wünsche eines jeden Balkonbesitzers. Und auf dem Sonnenbalkon lassen sie sich am besten verwirklichen.

Wie Fackelträger des Frühlings erheben sich die roten Tulpen aus dem tiefblauen Blütenmeer der Traubenhyazinthen und vertreiben mit ihrer Farbenpracht die letzten Wintergefühle. Die langstieligen Tulpen sind allerdings windbruchgefährdet und sollten an einer geschützten Stelle stehen.

5 Töpfe *Muscari armeniacum* (Traubenhyazinthe), 3 Töpfe *Tulipa* 'Couleur Cardinal', 2 Töpfe *Tulipa* (Triumphtulpen).

Beschwingter Auftakt der Balkonsaison

Die Saison für den Wechselbalkon beginnt schon mit den ersten Sonnenstrahlen im zeitigen Frühjahr. Auch die Bienen und Schmetterlinge freuen sich über diese ersten Nektarquellen und werden durch die Farbkleckse reichlich angelockt. Achten Sie aber beim Einkauf darauf, daß die Blumen noch knospig sind, damit die Freude lange anhält.

Im Gegensatz zum Halbschatten- und Schattenbalkon kann es auf dem Sonnenbalkon auch um diese Jahreszeit schon beachtliche Temperaturen geben. Ein Sonnenbad im zeitigen Frühjahr ist oft keine Seltenheit, nur unsere Blumen werden dadurch leider schneller erschöpft. Die meisten Frühlingsblumen sind langlebige Stauden. Werfen Sie also die abgeblühten Pflanzen nicht einfach weg, sondern verschenken Sie die Zwiebeln und Stauden an einen Gartenbesitzer.

Oder Sie nehmen die Zwiebeln mit dem Erdballen vorsichtig aus dem Kasten, setzen sie in eine Kiste und stellen Sie die Kiste dann in den kühlen Keller. Dort können die Zwiebeln in aller Ruhe einziehen und sich für das nächste Jahr erholen. Erst wenn die Blätter ganz vergilbt sind, dürfen die Zwiebeln vom Kraut befreit werden. Übrigens: Zwiebelblumen werden meist in Töpfen zu 3 - 5 Stück verkauft, man pflanzt sie jeweils topfweise.

In diesem Kasten wurde alles einge-
bracht, was der Gärtner zu bieten hatte.
Hyazinthen ragen in leuchtendem Rosa
hoch über Krokus, Schneeglöckchen,
Blaustern und gelben Hungerblümchen,
die rechts und links von Primeln eingerahmt werden.

2 *Hyazinthus orientalis* (Hyazinthe),
2 Töpfe *Crocus vernus* (Krokus), 1 Topf
Galanthus nivalis (Schneeglöckchen),
2 *Scilla siberica* (Blausternchen),
2 *Primula vulgaris* (Primel), 1 *Draba
aizoides* (Hungerblümchen).

Vorfrühling: Freude an den ersten Blüten

Auch im zeitigen Frühjahr, etwa im Februar oder März, bleiben die Kästen nicht leer, sondern werden mit bunten Frühlingsboten üppig und wirkungsvoll bepflanzt.

Frühlingsblumen können im Gegensatz zu den Sommerblumen sehr eng gesetzt werden, weil es sich bei ihnen um ausgewachsene und blühfähige Pflanzen handelt.

Da Vorfrühlingsblumen meist Wildblumenzwiebeln sind, lohnt es sich noch am ehesten, sie zu behalten, denn es ist ziemlich sicher, daß sie im nächsten Jahr wieder genauso üppig zur Blüte kommen. Vorbedingung dafür ist jedoch eine leichte Düngung vor und nach der Blüte, sowie das Entfernen verblühter Blumen, damit die Kraft nicht in die Samenbildung geht.

Um den Saft aus dem Kraut zu entziehen, brauchen sie nach der Blüte ein ruhiges, schattiges Plätzchen. Denken Sie aber daran, daß es zu dieser Jahreszeit noch sehr oft Frost geben kann. Die Zwiebeln wurden im Gewächshaus vorgezogen und sind deshalb empfindlicher als die im Freiland heranwachsenden Exemplare. Sie müssen deshalb bei Frostgefahr mit Zeitungspapier oder Vlies abgedeckt werden. Ein kleiner Trost: Ist der Frühling einmal nicht so sonnig, dann hält die Blüte dieser Pflanzkombinationen dafür umso länger.

Wer es lieber einfacher mag, der nimmt mehrere Schneeglöckchen und setzt sie mit Winterlingen zu einem weiß-gelben Farbenspiel zusammen. Die empfehlenswerte und angenehm duftende Wildtulpe *Tulipa humilis* hat ihre Blätter schon jetzt ausgetrieben, um im März ihre purpurnen Blütensterne entfalten zu können.

3 Töpfe *Eranthis hyemalis* (Winterling), 4 Töpfe *Galanthus nivalis* (Schneeglöckchen), 2 Töpfe *Tulipa humilis* (Tulpe)

Üppige Frühjahrsblüte

Im April und Mai werden nun die Tage wieder langsam länger und die Sonne nimmt von Tag zu Tag an Kraft zu. Im Kasten sind nur noch ein paar Nachzüglerblüten von den Vorboten des Frühlings zu sehen. Wenn Sie in diesen Tagen zum Wochenmarkt oder zum Gärtner gehen, wird dort alles stehen, was der Frühling zu bieten hat. Nun können Sie schon aus dem Vollen schöpfen und Ihren Balkon in ein Blütenmeer verwandeln. Die Blumenkästen werden zu Frühlingsbeeten, in denen die vielen Sorten der Tulpen, Narzissen und Traubenhyazinthen um die Wette blühen.

Außer den Zwiebelblumen wie Tulpen und Narzissen, werden auch

die besonders üppig blühenden Zweijährigen und im zunehmenden Maße auch langlebige Frühlingsstauden angeboten. Machen Sie doch einem gleichgesinnten Balkonfreund einmal eine Freude und schenken Sie ihm statt eines Blumenstraußes einfach einen bunt bepflanzten Frühlingskasten!

Einen zarten Frühlingshauch vermittelt dieser Kasten mit süß duftenden Maiglöckchen und himmelblauen Vergißmeinnicht.

4 *Myosotis sylvatica* (Vergißmeinnicht), 4 *Convallaria majalis* (Maiglöckchen).

Haben Sie einen sehr zugigen Balkon, so achten Sie darauf, möglichst niedrige Sorten zu kaufen, denn eine Tulpenblüte, die auf einem langen Stiel sitzt, knickt sehr schnell um. Ideale Partner für Tulpen und Narzissen sind die zweijährigen Blumen wie Vergißmeinnicht, Goldlack, Stiefmütterchen und Tausendschön. Sie eignen sich hervorragend als Unterbepflanzung und blühen noch bis weit in den Mai hinein. Außerdem ermöglichen Sie einen fließenden Übergang zu der Sommerbepflanzung, die erst nach den Eisheiligen, etwa ab Mitte Mai, erfolgt. Im Gegensatz zu den Wildarten lohnt es sich bei den Züchtungen kaum, sie bis zum nächsten Jahr aufzuheben. Erfahrungsgemäß blühen sie im nächsten Jahr nur sehr spärlich.

Mit diesem Balkonkasten starten Sie fröhlich in den Frühling! Sehr geschickt sind die einzelnen Pflanzen angeordnet. Als Leitpflanze ragen die rosaroten Hyazinthen hervor und locken mit ihrem Duft Schmetterlinge und Bienen zum ersten Frühlingsschmaus an. Locker eingestreut sind die hellblauen Traubenhyazinthen sowie lilafarbene und weiße Krokusse, die einen hübschen Übergang zu dem dichten Erikateppich bilden.

7 *Hyacinthus orientalis* 'Anna Marie' (Hyazinthe), 2 Töpfe *Crocus vernus* (Krokus), 2 Töpfe *Muscari azureum* (Traubenhyazinthe).

Einleitung zum Porträtteil

Zuvor ein Paar Worte zum Umgang mit dem Porträtteil. Damit auch der Balkonneuling mit wenig botanischen Kenntnissen problemlos arbeiten und sich zurechtfinden kann, wurden die Pflanzen nicht nach botanischen Namen, sondern nach Farbe sortiert.

Begegnet Ihnen eine Sommerblume, die Sie besonders ins Herz geschlossen haben, so brauchen Sie also nur unter der entsprechenden Farbe nachzuschauen und finden so den genauen Namen. Für den Fachmann steht zum Nachschlagen das Register zur Verfügung.

Es wurde ganz bewußt darauf verzichtet, allzu viele Sortenempfehlungen zu geben, denn das Sortenangebot ändert sich von Jahr zu Jahr. Außerdem sind die Pflanzen nur selten mit den richtigen Sortenbezeichnungen gekennzeichnet. So wollen wir verhindern, daß Sie nun losziehen und überall – wahrscheinlich vergeblich – nach einer ganz bestimmten Sorte forschen. Keine Gärtnerei dieser Welt kann die unzähligen Sorten komplett in ihrem Programm führen.

Der Gärtner ganz in Ihrer Nähe und auch die Wochenmärkte haben jedoch das meiste im Angebot, was der aktuelle Markt zu bieten hat.

Die Kapitel sind so aufgeteilt, daß sie mit der Balkonbegrünung zu jeder Jahreszeit beginnen können. In den Pflanzenportraits finden Sie knapp und übersichtlich die wichtigsten Angaben zum Standort, zu Erde, Düngung, Wasserbedarf, Vermehrung und was es sonst noch Wissenswertes über die jeweilige Pflanze gibt.

Da die Balkonblumen in einem Kasten gemeinsam gedüngt werden, sollen nur solche mit ähnlichen Ansprüchen zusammengepflanzt werden. Den Nährstoffbedarf finden Sie im Porträtteil.

Einer fantasievollen und erfolgreichen Balkonbegrünung steht nun nichts mehr im Wege!

In einem grünen Teppich aus Vergißmeinnichtpflanzen stehen Tulpen und Narzissen harmonisch vereint. Die Narzissen der Sorte 'Tête à Tête' sind noch nicht mal so groß wie die *Greigii*-Tulpen. Als farblicher Kontrast steht noch vom Vorfrühling her der Blaustern dazwischen. Die Vergißmeinnicht werden nun langsam heranwachsen, um dann bis zur Sommerbepflanzung die Stellung zu halten.

4 Töpfe *Tulipa greigii* 'Sundance' (Tulpe), 3 Töpfe *Narcissus* 'Tête-à-Tête' (Narzisse), 2 Töpfe *Scilla siberica* (Blausternchen), 1 *Salix caprea* 'Pendula' (Hängende Kätzchenweide).

SCHNEEGLÖCKCHEN
Galanthus nivalis

Sie läuten mit ihren glockenförmigen Blüten den Frühling ein. Schon sehr zeitig, wenn es noch frostet und der Schnee sich noch nicht ganz verzogen hat, haben sie Hochsaison. Eine Fernwirkung können ihre Blüten nicht bieten, aber durch ihre Anmut lenken sie die Augen und das Herz des Balkonbesitzers schnell auf sich. Auch die Bienen werden reichlich angelockt, denn das Schneeglöckchen dient ihnen als erste Nektarquelle. Außer den inneren Blütenblättern, die eine grüne Zeichnung tragen, sind die Schneeglöckchen, wie ihr Name schon sagt, schneeweiß.
STANDORT: Sonnig bis halbschattig.
ERDE: Für Schwachzehrer.
PFLEGE: Seien Sie vorsichtig mit dem Düngen, sonst regen Sie nur die Bildung von kräftigem Laub an und warten vergeblich auf die Blüte.

Die Schneeglöckchen wachsen üppig.

Das Gänseblümchen gibt es meist mit gefüllten Blüten.

ÜBERWINTERUNG: Schneeglöckchen sind ganz besonders dankbar für eine »Übersommerung« auf dem Balkon und werden von Jahr zu Jahr üppiger.
IM KASTEN: Seite 14, 15.

GÄNSEBLÜMCHEN (TAUSENDSCHÖN, MASSLIEBCHEN)
Bellis perennis

Die heute im Handel am häufigsten angebotene Form des Gänseblümchens erinnert nur noch durch die Blätter an ihre bekannte Schwester von der Wiese, mit der die kleinen Mädchen sich im Frühling Kränze fürs Haar binden. Die neuen Züchtungen mit den meist gefüllten Blüten gibt es in den Spielarten weiß, rosa und rot. Sie wachsen sehr kompakt und blühen »tausendfach«. Besonders schön passen sie zu Vergißmeinnicht und Primeln. Auch ein ganzer Kasten nur mit Gänseblümchen in verschiedenen Farben hat seinen Charme und ist nett anzuschauen.
STANDORT: Sie verträgt die volle Sonne gut, ist aber auch im Halbschatten nicht undankbar.
ERDE: Für Mittelstarkzehrer.
PFLEGE: *Bellis* gehört eigentlich zu den Stauden, wird aber als zweijährige Pflanze gezogen, weil sie die Tendenz hat, sich in ihrem Blüheifer zu erschöpfen. Im nächsten Jahr würde man vergeblich auf eine »tausendschöne« Blütenpracht warten. Durch ihre lange Blütezeit bis weit in den Mai hinein, eignet sie sich ideal als Übergangspflanze bis zum Einsetzen des Sommerflors.
ÜBERWINTERUNG: Ratsam ist es, *Bellis* erst im Frühjahr, etwa im März/April in die Kästen einzusetzen, da eine Herbstpflanzung und eine Überwinterung zu riskant ist.

KISSENPRIMEL
Primula vulgaris

Schon ab Dezember werden die knallbunten Kissenprimeln für die Zimmerkultur in allen Farben angeboten. Würden Sie um diese Zeit schon ins Freie gesetzt, würden sie schnell dem Frost zum Opfer fallen. Erst ab März/April können die Kissenprimeln zusammen mit Maßliebchen, Narzissen, Hyazinthen und Tulpen gefahrlos auf den Balkon gepflanzt werden. Die Primeln fallen durch ihre kräftigen und intensiven Farben schon von weitem ins Auge. Neben den klaren Grundfarben wie Weiß, Blau, Rot und Gelb gibt es auch schöne, zarte Pastellfarben, die

In vielen Farben: Kissenprimeln.

sich sehr gut mit anderen Frühlingsblumen kombinieren lassen. Neben den Kissenprimeln gibt es noch die lustigen Kugelprimeln, die aber nicht so kompakt wachsen und 15–20 cm hoch werden können. Wie kleine Bälle sitzen die Blütenköpfe auf den langen Stengeln, die aus der Blätterrosette hervorwachsen. Auch die Kugelprimeln gibt es in vielen schönen Farben von Weiß bis Lila.

STANDORT: Halbschatten und Schatten.
ERDE: Für Mittelstarkzehrer
PFLEGE: Kissen- und Kugelprimeln lieben gleichmäßig feuchten Boden. Sie dürfen aber nicht zu naß stehen, denn sonst reagieren sie schnell »verschnupft« und bekommen gelbe Blätter. Für die Düngung mischt man am besten gleich Hornspäne mit in die Erde hinein.
ÜBERWINTERUNG: Die Primeln auf dem Balkon zu überdauern lohnt sich fast nicht.
IM KASTEN: Seite 14, 94/95.

OSTERGLOCKEN
Narcissus

Die Narzissen gehören zu der gleichen Familie wie die Schneeglöckchen. Sie aber läuten den späten Frühling um die Osterzeit ein. Die große gelbe Osterglocke ist der bekannteste Vertreter aus der vielfältigen Gattung der Narzissen. Vorgezogen gibt es die vielen verschiedenen Züchtungen natürlich schon im März/April, für das Zimmer werden sogar schon im Januar/Februar einige Sorten bereitgestellt. Die großblütigen Trompetennarzissen sind mit ihren weit herausragenden Stengeln nicht für den windigen Balkon geeignet, da sie leicht umknicken. Viel besser sind dagegen die Züchtungen aus der niedrigwachsenden, lieblichen *Narcissus cyclamineus*-

Gruppe für den Balkon geeignet. Die am häufigsten angebotene Sorte ist *Narzissus* 'Tête-à-Tête', die ihre Blütenblätter alpenveilchenartig nach hinten biegt. Wenn Sie sich aber doch für die große Osterglocke entscheiden, müssen Sie die Stengel an einen Stab binden.

STANDORT: Sonnig.
ERDE: Für Mittelstarkzehrer.
PFLANZUNG: Wer im Herbst schon für das Frühjahr vorarbeiten will, der setzt die Zwiebeln im September, spätestens aber im Oktober in die Erde.
PFLEGE: Auf Spätfröste im Frühjahr muß geachtet werden, sonst erleben Narzissen das Osterfest nicht mehr. Die abgeblühten Teile werden sofort entfernt, damit nicht unnötige Kraft verloren geht.
IM KASTEN: Seite 18, 24/25, 94/95, 110

Die kleinen Narzissen 'Tête-à-Tête' und die Narzissen 'Ice Follies'.

Nicht größer als Traubenhyazinthen wird die Narzisse 'Minnow'.

GOLDLACK
Cheiranthus cheiri

Der Goldlack ist eine uralte Kulturpflanze, die als »Gelbveigelein« in den Volksliedern besungen wird. Neben ihrer leuchtkräftigen gelben Farbe gibt es noch Pflanzen mit braunroten und lila Blüten. Sie blüht von April bis Juni und verbreitet einen sehr intensiven Veilchenduft auf dem Balkon. Auch hier gibt es spezielle balkongeeignete, niedrigwachsende Sorten. Zwerggoldlack mit gefüllten Blüten werden nicht höher als 20 cm. Sie werden es nicht übers Herz bringen, diesen duftenden Balkongast mitten in seinem Blütenhöhepunkt – etwa Mitte Mai – aus der Erde zu reißen. Darum sollte für die Sommerbepflanzung ein zweiter Satz Balkonkästen bereitgestellt werden. Während dann die Hochsommerblumen noch heran-

Der Winterling blüht schon ab Februar.

Das Stiefmütterchen 'Jolly Joker' in Orange und Violett.

WINTERLING
Eranthis hyemalis

Bei genauem Betrachten der Blüten erkennt man gut seine Verwandtschaft zu den Hahnenfußgewächsen. Der Winterling blüht schon während der Schneeschmelze im Februar zusammen mit dem Schneeglöckchen. Ein Blätterkranz umschließt wie eine Halskrause die gelben Blüten. Sie passen sehr gut zu den weißen oder violetten Anemonen, Schneeglöckchen, Blaustern und Schachbrettblumen.
STANDORT: Halbschatten.
ERDE: Für Schwachzehrer.
PFLEGE: Anspruchslos.
ÜBERWINTERUNG: In rauhen Lagen in einem kühlen Raum.
IM KASTEN: Seite 15.

Goldlack duftet nach Veilchen.

wachsen, verströmt der Goldlack weiterhin seinen bezaubernden Duft. Eine klassische Kombination ist Goldlack zusammen mit Vergißmeinnicht, Tulpen, *Bellis* und Stiefmütterchen.
STANDORT: Sonnig bis halbschattig.
ERDE: Für Mittelstarkzehrer, kalkhaltige Erde (evtl. Lehm und Kompost beimischen).
PFLEGE: Verblühtes muß entfernt werden. Staunässe und Ballentrockenheit vermeiden.
ÜBERWINTERUNG: Goldlack gehört wie Stiefmütterchen zu den Zweijährigen. Manchmal hat man etwas Mühe, ihn in den Gärtnereien noch zu finden, obwohl er eigentlich auf keinem Balkon fehlen sollte. Als Zweijähriger wird er im Mai des Vorjahres ausgesät und muß gut abgedeckt überwintert werden.

STIEFMÜTTERCHEN
Viola-Wittrockiana–Hybriden

Stiefmütterchen sind lustige Gesellen, überaus dankbare Blüher und dabei in ihren Ansprüchen sehr bescheiden. Ein bißchen »Nostalgie-flair« haftet ihnen noch an, aber die neuen Sorten lassen dieses Gefühl vergehen. Stiefmütterchen bieten ein unerschöpfliches Farbenspektrum und teilweise auch beachtliche Blütengröße. Sie lassen sich grob in 2 Gruppen einteilen:

1. Frühblühende Sorten zeigen noch im Aussaatjahr bis in den Herbst hinein einige Blüten, erreichen aber erst im Frühjahr ihren Blütenhöhepunkt. Zu dieser Gruppe gehören viele einfarbige Sorten.

2. Spätblühende Sorten beginnen ihre Hauptblüte erst ab Mitte Mai und schieben dann bis zum August ständig neue Blüten nach. Hier finden Sie dann alle interessanten Far-

ben und Farbkombinationen. Sehr dankbar sind auch die Mini–Stief-mütterchen und die Hornveilchen *(Viola cornuta)*, die das ganze Jahr über intensiv blühen. Wer den Frühling schon im Herbst mit den Stief-mütterchen vorbereiten will, muß die frühblühenden Sorten verwenden. Da sie sehr unkompliziert sind, eignen sie sich sehr für den Balkon-anfänger. Stiefmütterchen sehen nicht nur alleine schön aus, sondern lassen sich auch gut mit Tulpen, Narzissen und mit Gehölzen kombinieren (siehe Dauerbalkon Seite 154/155).

STANDORT: Optimal entwickeln sie sich in halbschattiger Lage. Stehen sie in der prallen Sonne, so darf man das Gießen nicht vergessen.

ERDE: Für Schwachzehrer.

PFLEGE: Anspruchslos. Abgeblühte Teile entfernen. Sie reagieren sehr empfindlich auf zu große Nährstoff-zufuhr. Erde gleichmäßig feucht halten.

AUSSAAT: Wer aussäen will muß im Juni damit anfangen.

Besonders malerisch sind die gefüllten Ranunkeln.

RANUNKEL
Ranunculus asiaticus

Die Ranunkelblume gehört wie der Winterling zu den Hahnenfußge-wächsen. Im April kommen sie schon blühend in den Farben Weiß, Gelb, Orange und Rot in den Handel. Ein Kasten nur mit Ranunkeln schaut sehr dekorativ aus und so mancher Blumenfreund füllt sich einfach mit verschieden farbiger Ranunkeln ein Gefäß. Durch ihre kugelige Form und gefüllten Blüten erinnern sie ein wenig an die Pfingstrose. Sie erreichen eine Höhe von 20–30 cm und passen gut zu roten Tulpen, die ebenfalls einen höheren Nährstoffbedarf haben.

STANDORT: Sonnig.

ERDE: Für Starkzehrer.

PFLEGE: Wer nicht die blühende Pflanze kaufen will, setzt schon im März die Knollen in 15 cm Abstand in den Kasten. Sie sind nicht ganz frosthart und müssen daher bei drohendem Frost geschützt werden.

ÜBERWINTERUNG: Im Herbst nimmt man die Knollen heraus und überwintert sie im Kühlen.

TULPEN
Tulipa

Langstielige Tulpen sollten im Kübel windgeschützt am Boden stehen.

Mit ihren leuchtenden Farben übernehmen die Tulpen die Leitfunktion auf dem Frühlingsbalkon. Die Tulpensaison beginnt schon im Vorfrühling im Monat März und erstreckt sich mit den spätesten Sorten bis weit in den Juni hinein. Für Ihren Balkon wählen Sie die frühblühenden Arten und Sorten, damit die Kästen rechtzeitig für die Sommerbepflanzung wieder frei werden. Hervorragend haben sich Wildtulpen bewährt, die auf kurzen Stengeln wachsen und so dem Wind trotzen können. Schnee, Kälte und Regen können ihnen nichts anhaben, da sie diese Witte-

rung von ihrer Heimat im Hochgebirge von Zentralasien so gewöhnt sind. Durch diese wind– und wettergeprüfte Eigenschaften sind sie nicht anfällig für Krankheiten, im Gegensatz zu ihren Schwestern, den Gartentulpen. Durch die Kombination verschiedener Wildtulpenarten können sie eine kontinuierliche Blütezeit von bis zu acht Wochen erreichen: Ab Februar beginnt die *Tulipa turkestanica* den Blütenreigen. Wie vom

Tulipa 'Plaisir', *Narcissus* 'Jack Snipe' und 'Hawera', *Scilla siberica, Jasminum nudiflorum*..

Himmel herabgefallene Sterne wirken die weißen Blüten im zeitigen Frühjahr, wenn noch alles im Winterschlaf ist. Pünktlich zur Forsythienzeit folgt dann die angenehm duftende *T. humilis.* Aufgrund ihrer natürlichen Schönheit wird sie auch »Anmutige Tulpe« genannt. Gemeinsam mit ihr erwachen auch die Blüten der *T. kaufmanniana,* die wegen ihres seerosenähnlichem Aussehen auch »Seerosentulpe« genannt wird. Sie erfreut uns bis Mitte April mit ihren bezaubernden Blüten. Es gibt sie von Cremeweiß bis zu leuchtendem Rot. Ende März öffnen sich dann die riesigen Blüten der *T. fosteriana,* die etwas höher wachsen als die anderen Wildtulpen. Anfang April folgt die *T. greigii* nach, die durch ihre schön gezeichneten Blätter besonders auffällt. Mehrere orangefarbenen Blüten auf einem Stiel trägt *T. praestans.* Die Sorte 'Unicum' hat darüberhinaus auffallend weißgestreifte Blätter. Etwas bescheidener, aber umso liebenswerter blüht nun auch die *T. linifolia* mit ihrem leuchtendem Rot und die *T. urumiensis* mit ihrem strahlendem Goldgelb. Ihnen schließt sich die *T. clusiana* mit spitzzulaufenden Blüten in Karminrot und Weiß an. Das Schlußlicht des Blütenreigen bildet die *T. tarda,* die bis in den sonnigen Mai hinein blüht und deshalb besser für eine Dauerbepflanzung geeignet ist. Niedrige und frühe Sorten gibt es auch unter den Gartentulpen wie z.B. 'Princess Irene'. Tulpen mit langem Stiel haben auch ihren Reiz, eignen sich aber nur für windgeschützte Balkone oder Ecken. In eine Schale gepflanzt, können sie auch auf den Boden gestellt werden oder in die Nähe der Hauswand. Eine harmonische Kombination bilden eine Sorte Tulpen mit Blausternchen, hellblauen Schneeglanz, Krokus und gelbe Zwergnarzissen. Tulpen mit langem Stiel passen gut zu den niedrigwachsenden Sorten von Vergißmeinnicht, Tausendschön und Stiefmütterchen.

STANDORT: Sonnig.

ERDE: Für Mittelstarkzehrer. Sie lieben kalkhaltige Erde.

PFLEGE: Tulpen lieber alle eine gleichmäßig feuchte Erde, aber keinerlei Staunässe, die wäre ihr sicheres Ende. Legen Sie vor dem Einpflanzen eine Drainage wie auf Seite 186 beschrieben an. Nach der Blüte werden die Samenkapseln gleich entfernt, damit die Kraft nicht in die Samenbildung verschwendet wird

ÜBERWINTERUNG: Empfehlenswert.

IM KASTEN: Seite 12, 18, 94, 160.

Tulpe 'Couleur Cardinal'.

KROKUS
Crocus vernus

Von der Vielzahl an Krokus Arten und Sorten werden im Frühjahr von den Gärtnereien vor allem vorgetriebene große Gartenkrokusse *(Crocus vernus)* in den Farben Weiß, Blau und Violett angeboten. Vom Goldkrokus *(C. flavus)* stammen die gelbblühenden Sorten. Geben Sie diesem liebenswerten Frühlingsgast einen vollsonnigen Platz, denn seine Blüten öffnen sich nur bei Sonnenschein. Und dann erst zeigen sie ihre kräftigen orangefarbenen Stempel und Staubbeutel, mit denen sie die ersten Bienen auf Ihren Balkon locken. Pflanzen Sie zwei oder drei Töpfchen des robusten Frühlingskrokus in eine Schale oder kombinieren Sie ihn mit den anderen Frühlingsblühern wie *Primula vulgaris, Scilla* usw. *C. tommasinianus* blüht noch einige Zeit vor *C. vernus* und ist ebenso geeignet. Noch während der Schneeschmelze öffnet er seine überaus eleganten violetten Blüten, die besonders lange halten. Zur gleichen Zeit blühen auch das Schneeglöckchen, der Winterling und die Primeln, die eine gute Gemeinschaft für diesen Krokus sind. Drohen noch Fröste, müssen Sie die zarten Blüten schützen und mit einer Frosthaube (z.B. einem großen Zeitungshut) abdecken.

STANDORT: Sonnig.
ERDE: Für Schwachzehrer.
ÜBERWINTERUNG: Haben Sie diesen netten Frühlingsboten lieb gewonnen, so wäre eine Überdauerung möglich (siehe Praxisteil Seite 187).
IM KASTEN: Seite 14, 17, 94.

HYAZINTHE
Hyacinthus orientalis

Der betörende schwere Duft der Hyazinthen veranstaltet auf Ihrem Balkon ein unvergeßliches Dufterlebnis. Aus einer fast unscheinbaren Wildblume ist durch züchterische Arbeit eine kräftige, auf Fernwirkung ausgelegte Pflanze geworden. Im Sortenspektrum finden sich solche mit einfachen und gefüllten Einzelblüten. Es gibt Früh– und Spätblüher. Bei der Farbenauswahl ist Sorgfalt geboten, denn viele dieser leuchtenden Farben »beißen« sich untereinander. Die Hyazinthe ist in ihrer Erscheinung so markant, daß sie bei einer Kombination möglichst nur mit einer Farbe vertreten sein sollte. Einfacher ist die Auswahl anderer Begleitpflanzen, die sich gerne unterordnen und der Hyazinthe ihren etwas steifen Charakter nehmen: Kombinieren Sie die frühen Sorten mit pastellfarbener Kissenprimel und Tausendschön. Spätere Sorten erhalten Vergißmeinnicht als Partner. Achten Sie beim Kauf auf einen gedrungenen Wuchs, Hyazinthen sollen sich nämlich erst auf dem Balkon langsam entfalten. Bevorzugen Sie Sorten mit einfachen Blüten, denn der hohle Stengel kann oft die Vielzahl der gefüllten Blüten nicht tragen und knickt so schnell um.

STANDORT: Geben Sie Ihrem Gast aus dem heißen Orient einen warmen geschützten Platz, am besten in Sitz-

Die Bienen finden im Krokus ihre ersten Nektarquellen.

Duftende Hyazinthen (oben).
Die Strahlenanemonen können leicht überdauert werden (rechts).

platznähe. Auch einen halbschattigen Platz verträgt er gut.
ERDE: Für Mittelstarkzehrer.
PFLEGE: Verblühte Teile müssen entfernt werden
ÜBERWINTERUNG: Eine Weiterkultur im nächsten Jahr lohnt sich, obwohl die Pflanzen dann nicht mehr so dicht

mit Einzelblüten besetzt sind. Nach dem Vergilben der Blätter nimmt man die auffälligen dunkelvioletten Zwiebeln aus dem Kasten und bewahrt sie trocken und kühl bis zum Herbst auf. Mitte September kommen die Zwiebeln wieder in die Kästen und müssen für den kalten Winter einen guten Schutz bekommen.
IM KASTEN: Seite 14, 17, 94.

STRAHLENANEMONE
Anemone blanda

Die Strahlenanemonen zählen zu den lieblichsten Frühlingsverkündern, die wir uns gerne in die Nähe holen. Ihre Farben reichen von Weiß, Rosa, Lichtblau über Lavendelblau bis Tiefviolett. Die *Anemone blanda* liebt etwas mehr Licht als das heimische Buschwindröschen *A. nemorosa* und öffnet schon im März seine vielstrahligen Blüten. Da es zu den Vorfrühlingsboten gehört, pflanzt man es zu Krokus und Winterlingen. Durch seinen etwas über den Kasten hängenden Wuchs lockert es die etwas steife Gesellschaft anderer Frühlingsblüher ganz charmant auf.
STANDORT: Sonnig bis halbschattig.
ERDE: Für Schwachzehrer, es liebt kalkhaltige Erde
PFLEGE: Gut feucht halten und in der Wachstumsphase vor und nach der Blüte zweimal düngen. Die Kultur beginnt im Sommer bis Spätherbst, wo man die Rhizome in die feuchte Erde und in den kühlen Halbschatten setzt.
ÜBERWINTERUNG: Überdauerung auf dem Balkon in wärmeren Regionen möglich, sonst hell und kühl im Keller.

VERGISSMEINNICHT
Myosotis sylvatica

Wenn Sie im zeitigen Frühjahr zum Gärtner pilgern, um sich mit den verlockenden Frühjahrsblühern einzudecken, sollten Sie sich schon dann ein paar Vergißmeinnichtpflanzen mitnehmen. Legen Sie Ihren Tulpen und Narzissen einen grünen Teppich aus Vergißmeinnicht zu Füßen, denn wenn diese schon am Verblühen sind, entwickeln sich Anfang Mai, an langen Trieben, die unzähligen himmelblauen Blütchen und verdecken alle verblühten Teile bis in den Mai hinein. Hübsch wirken auch die im Mai blühenden Tulpen, wenn Sie aus einem Meer blauer Vergißmeinnicht heraus wie bunte Fackeln aufsteigen.

STANDORT: Sonnig bis halbschattig.
ERDE: FÜR Mittelstarkzehrer.
PFLEGE: Sie mögen keine trockene Erde und sollten regelmäßig gegossen werden. Vergißmeinnicht sind Zweijährige und müssen im Vorjahr ausgesät werden.
IM KASTEN: Seite 16, 160/161.

NETZIRIS
Iris reticulata

Ganz entzückend sind die frühblühenden Zwiebel- oder Netziris, die ab März angeboten werden. Es gibt sie in den verschiedensten Sorten in Violett, Hellblau und Rosa. Stolz stehen sie da im Balkonkasten und halten ihre eleganten blauen Blütenköpfe in die Höhe. Sie sehen nicht nur apart aus, sondern verströmen auch einen herrlichen Veilchenduft. Sie lieben es sonnig, aber auch

Vergißmeinnicht mögen es feucht.

Zart und zerbrechlich: die Netziris.

im Halbschatten gedeihen sie noch prächtig. Am schönsten wirken sie zu mehreren in kleinen Gruppen. Setzt man sie mit Kissenprimeln, Blaustern und Schneeglöckchen zusammen in den Kasten, so wird ihr zartes Wesen von diesen aparten Nachbarn noch wirkungsvoll untermalt. Diese Partner erst schaffen der »vornehmen« Dame den richtigen Rahmen. Die Netziris ist sehr langlebig und wird von Jahr zu Jahr üppiger, weshalb sie sich zur Weiterkultur eignet. Die optimale Pflanzzeit ist September/Oktober.

STANDORT: Sonnig bis halbschattig.
ERDE: Für Schwachzehrer.
PFLEGE: Sie mag keine Staunässe. Für gute Drainage sorgen.
ÜBERWINTERUNG: Siehe Praxisteil.

BLAUSTERNCHEN
Scilla siberica

Nicht so bekannt wie Tulpen und
Narzissen, aber dennoch beliebt ist
das Blausternchen. Gerade im Frühling gibt es nicht so viele blaublühen-
de Blumen, sie sind aber wichtig,
um hübsche Farbkombinationen zu
kreieren. Blausternchen erreichen
eine Höhe von maximal 20 cm und
haben kleine sternförmige Blüten.
Als Begleitpflanze für Wildtulpen
und Narzissen macht sie sich ausgezeichnet. Von Natur aus stehen sie
am liebsten im lichten Schatten
unter Bäumen und Sträuchern.
Scilla mischtschenkoana: Die nied-
liche Blume mit dem unaussprech-
lichen Namen blüht auch schon im
März und ziert sich mit einer hellblauen Blüte. Wesentlich größere
Blüten bildet die *S. siberica* 'Spring
Beauty' die sich gut mit *Narcissus*
'February Gold' kombinieren läßt.
STANDORT: Halbschatten.
ERDE: Für Schwachzehrer.
PFLEGE: Leicht feucht halten.
ÜBERWINTERUNG: Lohnt sich.
IM KASTEN: Seite 14, 18, 24.

TRAUBENHYAZINTHE
Muscari armeniacum

Die herrlich blauen Traubenhyazinthen passen farblich und auch
jahreszeitlich sehr gut zu Narzissen
und Tulpen. Ihre Blütenstände sehen
aus wie mit blauen Liebesperlen
geschmückte Kerzen. Mittlerweile
gibt es nicht nur die typisch dunkelblauen Sorten, sondern auch hellblaue und weiße Züchtungen sind
auf dem Markt. Schon im März kann

Das Blausternchen gibt es schon im zeitigen Frühjahr vorgetrieben zu kaufen.

Von der Traubenhyazinthe gibt es hellblaue, dunkelblaue und weiße Sorten.

man sie vorgezogen als junge Pflänz-
chen beim Gärtner erwerben. Die
Traubenhyazinthe wird etwa 20 cm
hoch und duftet ganz zart. Diese
anspruchslose Pflanze liebt die Son-
ne, gedeiht aber auch im Halbschat-
ten recht gut.
STANDORT: Sonnig bis halbschattig.
ERDE: Für Schwachzehrer.
PFLEGE: Mäßig feucht halten.
ÜBERWINTERUNG: Empfehlenswert.
IM KASTEN: Seite 12/13, 17.

Sommerliche Oasen auf dem Balkon

Je näher die Tage der sogenannten Eisheiligen rücken, umso emsiger werden die Balkonbesitzer. Mit dem Abklingen der »kalten Sofie« Mitte Mai ist nun endgültig der Startschuß für eine neue Sommersaison erfolgt. Die Wochenmärkte, Gärtnereien, Baumschulen und Blumengeschäfte werden nun von eifrigen Balkon- und Gartenbesitzern bevölkert. Nun will sich jeder einen grünen Sommer auf dem Balkon sichern. Verwirrend und unerschöpflich ist die Auswahl, und das Sortiment der angebotenen Blumen wird von Jahr zu Jahr immer größer. Wohl dem, der schon weiß, was er will! Damit die Wahl nicht zur Qual wird ist es ratsam, sich vorher schon zu informieren, was diesen Sommer gepflanzt werden soll.

Auf diesem Balkon sind viele Pflanzen aus dem Süden vereint. Der Oleander in kräftiger Bonbonfarbe verbreitet mediterranen Flair. Der Seidenbaum mit seinen mimosenartigen Blättern wird rasch zu einem schattenspendenden Baum heranwachsen. Dieser blattabwerfende Baum kann mühelos in einer dunklen Garage überwintert werden. Sogar etwas Frost würde ihm nicht schaden. Die südliche Urlaubsstimmung wird durch einen Pinienzapfen aus Terrakotta noch verstärkt.

Wann soll der Blütenhöhepunkt sein, wann wird Urlaub gemacht, und wieviel Arbeit soll investiert werden? All diese Fragen sollte man klären, bevor die Kästen, Kübel, Schalen und Tröge farbenfroh bepflanzt werden. Sie können ihre Kästen auch direkt beim Gärtner bepflanzen lassen. Der Sonnenbalkon bietet die größte Palette an Arten und Sortenvielfalt. Die folgenden Anregungen und Vorschläge zur Kastenbepflanzung sollen Ihnen helfen, aus diesem Angebot das Passende für ihren Balkon auszusuchen. Vorher sollten Sie sich aber überzeugen, ob Ihr Balkon wirklich genug Sonne hat. Denn: Ein Südbalkon ist nicht gleich ein Sonnenbalkon, darüberliegende Balkone und davorstehende Bäume und

Häuser können ihn zu einem Halbschattenbalkon werden lassen. Erst wenn die volle Sonne ungehindert einstrahlen kann und die Sonnenstrahlen von der heißen Mittagszeit bis weit in den Abend auf die Balkonkästen treffen, spricht man von einem Sonnenbalkon. Zum Sitzen kann es dann im Hochsommer schnell zu heiß werden, weshalb eine flexible Schattierung von Vorteil ist. Die große Stärke des vollsonnigen Balkons liegt in der Möglichkeit, daß auch der vielgeliebte Oleander und andere lichthungrige mediterrane Kübelpflanzen sicher und problemlos zur Blüte kommen.

△ Es müssen nicht immer Blüten sein, auch die weißbunte Minze bietet einen wunderschönen Anblick und duftet zudem erfrischend. Mädchenauge und Strohblume krönen die Pflanzung.

1 *Coreopsis* 'Sundancer' (Mädchenauge), 3 *Mentha suaveolens* 'Variegata' (Buntminze), 1 *Helichrysum apiculatum* 'Baby Gold' (Strohblume).

▷ Dieser Balkon ist so klein, daß nur ein Kasten verwendet wurde. Rechts und links stehen Vanilleblumen, in der Mitte eine kleinblütige Studentenblume. Zu ihren Füßen hängen die Pelargonien fast bis auf den Boden.

2 *Heliotropium arborescens* (Vanilleblume), 1 *Tagetes tenuifolia* (Studentenblume), 2 *Pelargonium-Peltatum-*Hybriden (Pelargonie).

△ Sommerliche Heiterkeit vermittelt dieses Arrangement aus der Strauchmargerite 'Schöne von Nizza', umgeben von Lobelien. In der Mitte leuchten Pelargonien und Verbenen hervor, untermalt von den lang herunterhängenden Trieben des gelben Husarenknöpfchens. Durch geschicktes Setzen der aufrechten, halbhängenden und überhängenden Pflanzen entsteht ein interessantes Linienspiel zwischen den einzelnen Sommerblumen. Dieser Kasten muß reichlich gegossen und gedüngt werden, denn alle Pflanzen sind Starkzehrer.

> 2 *Argyranthemum frutescens* 'Schöne von Nizza' (Strauchmargerite),
> 2 *Lobelia erinus* (Lobelie), 2 *Pelargonium-Zonale*-Hybriden 'Tavira' (Pelargonie), 4 *Verbena*-Hybriden 'Sparkle' (Verbene), 2 *Sanvitalia procumbens* (Husarenknöpfchen), 3 *Tagetes patula* 'Orange Hero' (Studentenblume).

▷ Zurecht bekommen die robusten Hängepetunien einen immer größeren Stellenwert unter den Balkonblumen. Hier ergänzen sich die großblütigen purpurfarbene 'Shihi Purple' und die weißblühende 'White' auf ideale Weise. Das Weiß der Hängepetunien greift die Farbe des Balkongeländers geschickt auf. Sowohl die Petunien als auch die anderen Pflanzen gehören zu den Starkzehrern und können einheitlich gedüngt und gegossen werden. Die einzige Ausnahme ist die Ruten-Hirse, die als mehrjähriges Gras zu den Schwachzehrern zählt und nur wenig Dünger erhält.

> 6 *Petunia-Surfinia* 'Shihi Purple' und 'White' (Surfinia-Petunien), 1 *Bidens ferulifolia* 'Goldmarie' (Goldfieber), 1 *Panicum virgatum* 'Strictum' (Ruten-Hirse), 1 *Argyranthemum frutescens* (Strauchmargerite), 1 *Diascia vigilis* 'Elliot's Variety' (Elfensporn).

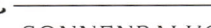

Mit ihrer üppigen Blütenpracht leuchtet diese sommerliche Pflanzengemeinschaft weit in die Ferne und ist ein idealer Blickfang. Die Farbintensität der Studentenblume und der dunkelvioletten Vanilleblume steigern sich gegenseitig in ihrer Wirkung. So ein Farbspektakel zielt auf Fernwirkung und kann, aus der Nähe betrachtet, schon fast zu überwältigend sein.

3 *Pelargonium-Zonale*-Hybriden 'Mars' (Pelargonie), 3 *Tagetes* 'Hero Gelb' (Studentenblume), 2 *Heliotropium arborescens* 'Marine' (Vanilleblume), 4 *Lobelia erinus* 'Blaue Perle' (Lobelie).

Liebenswert und verspielt wirkt diese sommerlich bunte Pflanzengesellschaft. Die schwefelgelben Blüten der Tagetes geben den anderen filigranen Pflanzen optischen Halt. Die Pelargonie leuchtet aus der verschwenderischen Blütenfülle des rosaroten Ziertabaks hervor. Als Unterbepflanzung bilden die Lobelien schöne kompakte Polster und die Blüten der Verbene hängen wie Bordüren aus dem Kasten. Diese Kombination muß reichlich gedüngt und gegossen werden. Dann wird Verblühtes schnell überwachsen und die Pflanzen werden zu einer neuen Blüte angeregt. Es ist auch nicht erforderlich, verblühte Teile auszuzupfen, lediglich die welken Tagetesblüten werden entfernt, damit sie nicht faulen.

2 *Nicotiana* x *sanderae* 'Zartrosa Gnom' (Ziertabak), 1 *Pelargonium-Zonale*-Hybride 'Mars' (Pelargonie), 3 *Lobelia erinus* 'Blue Moon' (Lobelie), 2 *Tagetes erecta* 'First Lady' (Studentenblume), 2 *Verbena tenera* 'Kleopatra' (Verbene).

Eine absolut regenfeste Kombination. Das leuchtende Blauviolett der Fächerblume wird sehr geschmackvoll vom Zartrosa des Elfensporns und der Hängeverbene ergänzt. Beide blühen unbeirrt den ganzen Sommer lang. Die langen Rispen des Elfensporns werden nach der ersten Hauptblüte ausgeschnitten. Ansonsten ist diese robuste Pflanzung pflegeleicht. Die starkzehrenden Pflanzen brauchen für eine durchgehende Blüte allerdings reichlich Wasser und Dünger.

1 *Diascia vigilis* (Elfenblume), 1 *Scaevola saligna* (Fächerblume), 1 *Mentha suaveolens* 'Variegata' (Buntminze), 1 *Verbena tenera* 'Kleopatra' (Verbene).

Wie ein Blütenfeuerwerk wirkt dieser Kasten und erfreut den Betrachter mit seiner schlichten, sommerlichen Beschwingtheit. Die gefüllten Nelken in der Mitte ziehen die Blicke auf sich. Das Himmelsröschen bildet den ganzen Sommer über seine hellblauen Blüten aus. Der Strandflieder ist ein gerngesehener Bestandteil von Trockengestecken . Er wird am Höhepunkt seiner Blüte geerntet und verkehrt herum zum Trocknen aufgehängt. Diese Gemeinschaft mag nicht mit Dünger überfüttert werden, lediglich die Nelke braucht für die Blütenbildung genügend Nahrung. Die Nelken sollten außerdem regelmäßig ausgeputzt werden.

2 *Dianthus caryophyllus* (Nelke), 2 *Silene coeli-rosa* 'Blauer Engel' (Himmelsröschen), 2 *Limonium sinuatum* (Strandflieder)

◁ Hier zeigt sich der Sommer von seiner romantischen Seite. Wie Leuchtpunkte erheben sich die rosaroten Verbenen aus dem Kasten und lassen das Licht sanft durch die Blüten schimmern. In abgestuften rosa-violetten Tönen gesellen sich die Pelargonien und die Lobelien in der Unterbepflanzung dazu. Das weiße Leberblümchen blitzt nur ganz zart unter dem Blütendach hervor. Rechts und links sorgt der Duftsteinrich noch für den nötigen Duftzauber.

4 *Verbena canadensis* 'Perfecta' (Verbene), 2 *Pelargonium-Peltatum*-Hybriden 'Admiral Bouvet' (Pelargonie), 2 *Lobelia erinus* 'Rosamunde' (Lobelie), 2 *Lobularia maritima* 'Snowdrift' (Duftsteinrich), 2 *Ageratum houstonianum* 'Hawaii' (Leberbalsam).

▷ Wie rote Bälle leuchten die Blüten der Pelargonien lustig aus dieser Sommergemeinschaft hervor. Sie schaffen eine sehr schöne fließende Verbindung zwischen den weißen Strauchmargeriten und der blauen Lobelie. Margeriten und Lobelie müssen nach der ersten Hauptblüte kräftig zurückgeschnitten werden, damit sie noch einmal zu einer zweiten Blüte starten können. Die Pelargonien werden in dieser Zeit die Stellung halten und bei kontinuierlicher Düngung weiterhin unermüdlich blühen.

3 *Argyranthemum frutescens* 'Vera' (Strauchmargerite), 4 *Lobelia erinus* 'Saphir' (Lobelie), 2 *Pelargonium-Peltatum*-Hybriden (Pelargonie).

Eine wildromantische Bepflanzung mit kleinblütigen Blumen und weißbunten Blattschmuckpflanzen. Die beiden rosafarbenen Himmelsröschen wurden im zeitigen Frühjahr ausgesät, die Lobelie stammt noch vom letzten Jahr. Der robuste weißbunte Mottenkönig mit seinem interessanten, würzig riechendem Laub macht sich schon fast zu breit. Das Mutterkraut und das Silberblatt fanden erst im Sommer den Weg in diesen Kasten. Sie dienen als »Lückenbüßer« für Sommergäste, die sich schon vorzeitig verabschiedet haben. Diese Gruppe ist mit einer mittleren Nährstoffzugabe sehr zufrieden.

2 *Silene coeli-rosa* 'Rosa Engel' (Himmelsröschen), 1 *Senecio* (Silberblatt), 1 *Tanacetum parthenium* 'Schneekrone' (Mutterkraut), 1 *Lobelia erinus* 'Richardii' (Lobelie), 1 *Plectranthus coleoides* 'Variegata' (Mottenkönig).

In dieser Mischung gibt es keine Leitpflanze, jede Pflanze gibt zu gleichen
Teilen ihr Bestes. Wie kleine Knallbon-
bons leuchten die roten Blüten der
Gebirgshängenelke über dem bunt-
scheckigen Laub der Buntminze. Die
Nelke duftet nach feinem Nelkenpfeffer
und die Minze verströmt ihren typischen Geruch. Zinnie und Strohblume
ergänzen sich in harmonischem Gelb-
Orange. Die Strohblumen können für
ein Trockengesteck reichlich geerntet
werden, ohne daß sie die Blütenproduktion einstellen. Das Blaue Gänseblümchen hat seine Aufgabe hier noch
nicht ganz gefunden und läßt mit der
Blütenbildung noch etwas auf sich warten. Mäßig, aber regelmäßig gedüngt
und gegossen, gedeihen aber zu guter
letzt alle Pflanzen optimal.

2 *Zinnia angustifolia* 'Classic' (Zinnie),
1 *Dianthus caryophyllus* (Tiroler
Gebirgshängenelke), 2 *Brachycome
multifida* (Blaues Gänseblümchen),
2 *Mentha suaveolens* 'Variegata'
(Buntminze), 2 *Helichrysum bractea-
tum* 'Golden Beauty' (Strohblume).

Direkt aus England scheint dieser »Hanging Basket« auf den Balkon geflogen zu sein. Ein Drahtkorb wird einfach mit Vlies ausgekleidet, dann mit Erde gefüllt und von allen Seiten pflanzt man dann Sommerblumen durch das kreuzweise eingeschnittene Vlies von außen in die Erde. Im Laufe des Sommers wächst dieser Korb nun sehr schnell zu und läßt keinen Draht mehr erkennen. In England sieht man solche Körbe überall hängen und dort gedeihen sie auch ohne großen Pflegeaufwand. In südlicheren Gegenden allerdings neigt dieser hängende Garten leicht zum schnellen Austrocknen und muß öfters gegossen werden. Den Pflanzen gefällt der luftige Aufenthaltsort scheinbar recht gut, denn sie wachsen dort besser und schneller als ihre Kollegen unten in den Kästen. Voraussetzung für ein prächtiges Gedeihen ist allerdings, daß man mit dem Gießen nachkommt.

1 *Mentha suaveolens* (Buntminze),
1 *Mimulus luteus* (Gauklerblume),
1 *Tropaeolum majus* 'Nanum' (Kapuzinerkresse), 1 *Glechoma hederacea* 'Variegata' (Gundermann),
2 *Linaria maroccana* (Leinkraut).

▽ Klein, aber charmant: An eine Blumenwiese erinnert dieser Kasten mit seiner einfachen, stimmungsvollen Bepflanzung. Zwei Margeriten 'Snow Lady' flankieren das goldgelbe Mädchenauge 'Early Sunrise', gekrönt vom zartblauen Rittersporn 'Pacific'. Das Beispiel zeigt, daß auch einfache Kombinationen effektvoll sein können.

2 *Leucanthemum maximum* 'Snow Lady' (Margerite), 1 *Coreopsis* 'Early Sunrise' (Mädchenauge), 1 *Consolida regalis* 'Pacific' (Rittersporn).

▽ Voller Charme strahlen die riesigen Blütenkugeln der Studentenblume und ziehen alle Blicke auf sich. Das Blaue Gänseblümchen mit seinem filigranen Laub und den zarten Strahlenblüten schafft den Ausgleich. Die Blütenpracht der Nelken ist noch nicht völlig entfaltet und muß sich, zusammen mit der Goldmünze, erst noch gegen die Studentenblume behaupten. Eine nur mäßige Düngung tut nicht nur dem Blauen Gänseblümchen gut, sie sorgt auch dafür, daß die Tagetes nicht zu wuchtig werden.

4 *Tagetes erecta* 'Perfection Orange' (Studentenblume), 2 *Brachycome multifida* (Blaues Gänseblümchen), 2 *Dianthus caryophyllus* 'Balkonfeuer' (Nelke), 1 *Dianthus chinensis* 'Feuersturm', 3 *Dianthus chinensis* 'Pluto' (Chinesische Nelke), 2 *Asteriscus maritimus* 'Gold Coin' (Goldmünze).

▷ Ohne viel Pflegeaufwand schmücken sich die beiden Goldfieber-Pflanzen den ganzen Sommer über mit Hunderten von hübschen Blüten. Diese Pflanze wächst mindestens 50 cm über den Kasten hinaus und es kann auf einem kleinen Balkon dann recht eng werden. Zwischen dem filigranen Laub leuchten die weißen Blüten der *Surfinia*-Petunie, flankiert von den blauen Fächerblumen. Alle drei haben einen ähnlich starken Wuchs. Die Tiroler Gebirgshängenelke hat den Weg in die andere Richtung gewählt und erfreut nun eher den Nachbarn.

2 *Scaevola saligna* 'New Wonder' (Fächerblume), 2 *Bidens ferulifolia* 'Goldmarie' (Goldfieber), 3 *Petunia-Surfinia* 'White' (Petunie), 2 *Dianthus caryophyllus* Tiroler Gebirgshängenelke).

Eine ungewöhnliche, aber gelungene Verbindung geht hier die Fächerblume mit der Strohblume ein. Deren hellgelbe Blätter passen gut zum Lilablau der Fächerblume. Beide Partner sind in ihrem Wuchscharakter ähnlich und beanspruchen als Starkzehrer eine regelmäßige, hohe Düngergabe.

3 *Scaevola saligna* 'Blue Wonder' (Fächerblume), 2 *Helichrysum petiolare* 'Rondello' (Strohblume).

Stark im Trend liegt dieser Kasten, der ganz in Rosa gehalten ist. Der Ziertabak erhebt sich über die kleinbleibenden Zinnien und die Verbenen. Das elegante Weiß des Balkonkastens unterstreicht die zarten Pasteltöne. Trotz ihres duftigen und feinen Aussehens ist diese Kombination nicht windempfindlich. Die Verbenen müssen, da sie gerne viele Samen ansetzen, regelmäßig ausgezupft werden.

2 *Nicotiana* x *sanderae* 'Rosa Gnom' (Ziertabak), 1 *Zinnia*-Hybride 'Peter Pan' (Zinnie), 1 *Verbena*-Hybride (Verbene).

Diese Kombination glänzt in den schönsten Farben, die die Palette der Balkonblumen zu bieten hat. Der Salbei ragt weit aus dem Meer von Fleißigen Lieschen und Phlox hervor. Bei diesem Balkonkasten dürfen Sie bei prallem Sonnenschein auf keinen Fall das Gießen vergessen, sonst schlappen die Fleißigen Lieschen sofort und überleben den Sommer nicht lange. Die Gazanien und rosa Nelken schaffen es nur mit Mühe, sich in dieser üppigen Gruppe mit ihren Blüten durchzusetzen.

4 *Impatiens walleriana* 'Accent Violett' (Fleißiges Lieschen), 2 *Gazania*-Hybriden 'Czardas Weiß' (Gazanien), 3 *Phlox drummondii* 'Blue Beauty', 1 *Phlox drummondii* 'Twinkle-Serie' (Phlox), 4 *Dianthus chinensis* 'Alice Zartrosa' (Chinesische Nelke), 1 *Salvia farinacea* 'Porcelaine' (Ziersalbei).

△ Hier spiegelt sich die Sonne in dem strahlenden Gelb der Blüten wider. Damit die Sicht nicht verdeckt wird, wurde bei dieser Kombination auf eine Leitpflanze verzichtet. Die gelben Husarenknöpfe werden vom Duftsteinrich eingerahmt, der den Kasten krönt. Die gelben Pantoffelblumen und die roten Verbenen müssen für eine dauerhafte Blüte regelmäßig ausgezupft werden. Die gelben Gazanien lassen ihre Pracht nur bei Sonne sehen, bei bedecktem Himmel schließen sie ihre Blüten.

4 *Verbena*-Hybriden 'Showtime Bell' (Verbene), 2 *Calceolaria integrifolia* 'Goldari' (Pantoffelblume), 2 *Lobularia maritima* 'Snow Crystals' (Duftsteinrich), 2 *Sanvitalia procumbens* 'Goldteppich' (Husarenknöpfchen), 2 *Gazania*-Hybriden ' Gartensonne' (Gazanie).

▷ Jedes freie Fleckchen auf dem Balkon wird genutzt, indem man »hängende Gärten« von der Decke des darüberliegenden Nachbarbalkons herunterläßt. Die Elfenspiegel-Ampel in hübschem Lila hängt knapp über dem Kasten und schafft so ein schattiges Plätzchen darunter. Ganz allein im Topf kann der Elfenspiegel sich richtig entfalten und das Balkondach schützt gleichzeitig noch vor zu starken Regenschauern. Die Strohblume mit ihren samtigen Blüten verströmt einen fruchtigen, ananasartigen Duft. Sie blüht unentwegt und braucht auch nicht ausgeputzt zu werden.

Ampel: 3 *Nemesia fruticans* 'Woodcote' (Elfenspiegel), 2 *Helichrysum apiculatum* 'Baby Gold' (Strohblume), Balkonkasten: 1 *Anagallis monelli*, 'Blaulicht' (Gauchheil) 3 *Nemesia fruticans* (Elfenspiegel), 1 *Phlox drumondii* (Phlox), 2 *Convolvulus tricolor* (Dreifarbige Winde), 1 *Heliotropium arborescens* (Vanilleblume).

▽ Diese Kombination ist ideal für Liebhaber von Duftpflanzen. Die Levkojen erfüllen den Balkon mit ihrem berauschenden Duft. Die Blauen Mauritius haben schon fast den ganzen Kasten umschlungen und ergänzen farblich die aufrechtwachsenden Levkojen. Levkojen sind leider keine durchblühenden Sommerblumen, sie müssen deshalb nach der Hauptblüte gegen eine andere Art ausgetauscht werden. Als »Lückenbüßer« eignen sich hier vorzüglich die Sommerastern mit ihren Pastellfarben, die dann noch bis weit in den Herbst hinein blühen.

4 *Matthiola incana* (Levkoje), 2 *Convolvulus sabatius* (Blaue Mauritius).

△ Balkonkästen müssen nicht immer am Geländer hängen. Oft zeigt das Zimmerfenster direkt zum Balkon hinaus – ein wunderschöner Platz für einen Balkonkasten mit Sommerblumen, die dann zum Fenster hereinschauen. Die Bepflanzung entspricht der traditionellen, bewährten Kombination aus Pelargonien und Petunien. Die Pelargonien dienen hier als Leitpflanzen. Sie werden durch 2 blau-violette Petunien dezent gekrönt. Noch halten die Petunien sich zurück, aber im Laufe des Sommers werden sie sich intensiv mit den Pelargoniumblüten vermischen. Zu ihren Füssen läßt der Mottenkönig seine langen Triebe weit über den Kasten herabfallen.

3 *Pelargonium-Zonale*-Hybriden (Pelargonie), 2 *Petunia*-Hybriden (Petunie), 2 *Plectranthus coleoides* (Mottenkönig).

Die schlanken, hohen Blütenrispen des violetten und porzellanfarbenen Salbei bilden einen schönen, schattigen Hintergrund für die sonnenscheuen Fleißigen Lieschen, die sich deshalb sehr üppig ausbreiten können. Die Triebe der Verbenen hängen weit über den Kasten hinab. Die Lobelien am Rand greifen das kräftige Violett des Salbeis wieder auf und runden das Gesamtbild harmonisch ab. Die sehr robusten, blühfreudigen und dankbaren Hängeverbenen geben in dieser Pflanzung den Ton an. Um ein so prächtiges Verbenenbäumchen zu bekommen, wurden die Triebe vom Gärtner hochgebunden. Dieses Bäumchen wird zurückgeschnitten und im Keller überwintert, damit es im nächsten Jahr wieder blüht.

5 *Salvia farinacea* 'Porcelain' und 'Viktoria Improved' (Ziersalbei), 2 *Impatiens walleriana* 'Accent Korallenrosa' (Fleißiges Lieschen), 2 *Verbena tenera* 'Kleopatra' (Verbene), 2 *Lobelia erinus* 'Blaue Perle' (Lobelie). Als Stämmchen gezogen *Verbena tenera* 'Kleopatra'.

MUTTERKRAUT, GEFÜLLTE KAMILLE
Tanacetum parthenium

Manchmal entdeckt man im Sommer blühende Exemplare des Mutterkrauts beim Gärtner angeboten. Von diesem robusten Korbblütler gibt es einige Sorten mit gedrungenem Wuchs, die sich auch für eine gemischte Balkonkastengemeinschaft eignen. Die Staude bildet kleine Büschel mit weißen oder cremefarbenen, kamilleähnlichen Blüten. Besonders interessant ist die Sorte 'Schneekrone', bei der weiße Zungenblüten um einen cremefarbenen, pomponartigen Blütenball aus Röhrenblüten als Kranz angeordnet sind. Typisch für diese Pflanze ist der würzige Kamillengeruch, den sie bei Berührung verströmt. Sie ist als weiße, aufrechte und pflegeleichte Pflanze eine Bereicherung für die Mischbepflanzung, denn sie wächst auch noch gut an Plätzen, die Wind und Wetter stark ausgesetzt sind.
STANDORT: Vollsonnig, sehr witterungsbeständig.
ERDE: Für Mittelstarkzehrer.
PFLEGE: Regelmäßig Wasser und Dünger.
VERMEHRUNG: Aussaat ab März auf der Fensterbank möglich. Direktaussaat ab Mai im Kasten, die Pflanze blüht dann aber erst sehr spät.
IM KASTEN: Seite 41.

Das Mutterkraut besitzt einen würzigen Kamillenduft.

SOMMERASTER
Callistephus chinensis

Die Sommeraster ist eigentlich keine typische Sommerblume, da sie erst im Spätsommer bis Herbst auf dem Markt erscheint. Die eigene Anzucht ist nicht lohnend, denn Sommerastern haben eine lange Entwicklungszeit bis zur Blüte. Sie sind sehr anfällig für Krankheiten und werden deshalb erst im August, wenn sie Knospen haben, vom Gärtner verkauft. Sie sind ein ausgezeichneter Ersatz für Blumen, die mit der Blühkraft schon stark nachgelassen haben. Hat beispielsweise der Leberbalsam seine Blütenproduktion schon eingestellt, so bietet sich ein Austausch mit der Sommeraster an. Die hübschen Strahlenblüten gibt es in weißen, roten und rosagefärbten Tönungen. Durch ihre Farbvielfalt ist es nicht schwer, zur eingewachsenen Kombination die passende Farbe zu finden. Für den Balkon eignet sich die Zwergaster 'Pomponett'.

STANDORT: Sonnig.
ERDE: Für Mittelstarkzehrer.
PFLEGE: Regelmäßig gießen, aber Staunässe vermeiden und Verblühtes entfernen.
VERMEHRUNG: Lohnt nicht.
IM KASTEN: Seite 80, 83, 130.

KAPMARGERITE
Osteospermum-Ecklonis-Hybriden
syn. *Dimorphotheca*

Diese hübsche, strauchig wachsende Pflanze bildet margeritenähnliche Blüten, die weiß, rosa oder orange gefärbt sind. Die Blütenblätter sind auf der Unterseite bläulich. Sehr interessant sind auch die weißen Sorten, die löffelartige Blütenblätter

STRAUCHMARGERITE
Argyranthemum frutescens

Die wohl bekannteste Kübelpflanze ist die von den Kanarischen Inseln stammende Strauchmargerite mit ihren großen Blüten. Als starkwüchsige Pflanze wird sie oft als Hochstämmchen im Handel angeboten. Im normalen Balkonkasten wird sie zu groß und läßt den Nachbarn nur wenig Platz. Damit wir aber auf ihr schönes Weiß nicht verzichten müssen, gibt es die schwachwüchsigen Sorten 'Sugar Baby' und 'Whity', die sich gut in die Gemeinschaft einfügen und den ganzen Sommer über Blüten bilden. Aber auch sie werden 40–50 cm hoch und sollten deshalb in der Kombination mit anderen Balkonblumen als Hauptpflanzen verwendet werden. Neben den weißen Sorten gibt es noch die 'Schöne von Nizza' mit wunderschönen gelben Blüten und die 'Rosali' mit rosa Blüten.

STANDORT: Sonnig bis halbschattig.
ERDE: Für Starkzehrer.
PFLEGE: Sie ist aufwendiger in der Pflege, da für eine reichliche Blütenbildung die abgeblühten Teile ständig ausgeputzt werden müssen.
ÜBERWINTERUNG: Eine Überwinterung ist nur an einem hellen und kühlen Ort erfolgreich. Sie dürfen die Pflanze in ihrer Ruhezeit nur sehr wenig gießen. Es hat sich gezeigt, daß die Sorte 'Silver Leaf' mit feingefiedertem und bläulichem Laub am einfachsten zu überwintern ist, während die groß- und grünlaubigen Sorten sich als schwierig erwiesen haben.
VERMEHRUNG: Durch Stecklinge.
IM KASTEN: Seite 2 34, 40, 98, 103.

Kapmargeriten und Zwergmargeriten erstrahlen in elegantem Weiß.

Die Sommeraster eignet sich optimal als Lückenbüßer im Spätsommer.

bilden, wobei sich die bläuliche Unterseite nach außen rollt. In ihrer Heimat in Südafrika blüht *Osteospermum* im kühlen Frühjahr. Sie benötigt deshalb eine längere Kühlphase (Vernalisation) für eine reichliche Blütenbildung Damit Sie sicher gehen, daß sie diese Kühlphase beim Gärtner erhalten hat, sollte die Jungpflanze schon Knospen zeigen. Als blühfreudig hat sich die Sorte 'Sparkler' erwiesen. Sie soll die einzige durchblühende Sorte sein. 'Sparkler' ist starkwüchsig und benötigt einen genügend tiefen Kasten. Sie ist sehr wind- und regenfest.

STANDORT: Sonnig bis halbschattig.
ERDE: Für Starkzehrer, regelmäßig gießen.
VERMEHRUNG: Durch Stecklinge.

Die anspruchslose Schneeflockenblume.

SCHNEEFLOCKENBLUME
Sutera diffusa ‘Snowflake’
syn. *Bacopa*

Diese hübsche Schneeflockenblume wird in der Schweiz liebevoll »Schneewittchen« genannt. Sie bildet zwar nur ganz kleine weiße Sternblüten aus, aber dafür erscheinen sie von Anfang März bis in den Herbst hinein überaus reichlich. Ihre Anpassungsfähigkeit ist phänomenal, denn sie gedeiht sowohl in der Sonne als auch im Vollschatten, wobei sie hier allerdings nur wenig zur Blüte gelangt. Sie ist die optimale Begleitpflanze, da sie durch ihre dezente Erscheinung die anderen in der Wirkung hebt, ohne selber in den Vordergrund zu treten. Sie braucht nicht ausgeputzt zu werden und sieht immer ordentlich aus.
STANDORT: Sonne bis Halbschatten.
ERDE: Für Mittelstarkzehrer. Durch ihre große Anpassungsfähigkeit verträgt sie jede Erde, bevorzugt aber die für Mittelstarkzehrer.

PFLEGE: Sie muß regelmäßig gegossen werden. Bei Ballentrockenheit hört sie zu blühen auf und wird schnell zu »Heu«.
VERMEHRUNG: Durch Stecklinge.
IM KASTEN: Seite 126.

KÖNIGSLILIE
Lilium regale

Im Kübel gezogen entwickelt sich die Lilie besonders gut, da sie das Bedürfnis hat, vom Schatten in das Licht hinein zu wachsen. Am beliebtesten ist wohl die Königslilie (*Lilium regale*) mit ihren großen, weißen, trompetenartigen Blüten, die einen starken Duft verströmt. Auch die Tigerlilie (*Lilium tigrinum*) mit ihren gestreiften gelben Blüten steht bei den Blumenliebhabern hoch im Kurs. Gut versorgt öffnet die Lilie über einige Wochen lang unermüdlich immer neue Blüten.
STANDORT: Die in der Natur vorwiegend am Waldrand wachsenden

Lilien finden auf dem Balkon im Kübel gezogen einen idealen Standort. Im Schutz von dem Balkongeländer kann sie wie am Naturstandort vom Schatten der Sonne entgegenwachsen. Bewährt hat sich eine Unterbepflanzung mit einer niedrigen Staude oder Sommerblumen. Besonders vorteilhaft ist es, wenn dieser »Untertan« noch zur gleichen Zeit blüht.
ERDE: Für Mittelstarkzehrer. Durchlässige, humose Erde. Wichtig ist eine gute Drainage, damit die Zwiebeln bei anhaltendem Regen nicht faulen.
PFLEGE: Damit sie jedes Jahr genauso schön wieder blüht, muß sie regelmäßig und kräftig gedüngt werden. Die Düngung beginnt schon während des Blattaustriebes. Achten Sie beim Einkauf darauf, daß die Zwiebeln nicht verschrumpelt sind und intakte Wurzeln aufweisen. Kaufen Sie die Zwiebeln auf keinen Fall, wenn sie einen Schimmelbelag aufweisen, sie kommen sonst nicht zur Blüte. Sammeln Sie regelmäßig den roten Lilienkäfer von den Blättern ab. Kommt es zur Eiablage, fressen die Käferlarven innerhalb kürzester Zeit die gesamte Pflanze ab.
VERMEHRUNG: Lohnt nicht.
ÜBERWINTERUNG: Im Garten sind die Lilien winterhart, aber im ungeschützten Gefäß auf dem Balkon würden die Zwiebeln schnell erfrieren. Als kühles Winterquartier eignet sich die dunkle Garage oder der Kellerraum.
IM KASTEN: Seite 30, 142, 165.

Lilie und Vanilleblume sind ein optimales Duftduett.

WEISSES GÄNSEBLÜMCHEN
Erigeron karvinskianus

Diese zarten Pflanzen, die dem Blauen Gänseblümchen sehr ähnlich sehen, stammen aus Mexiko. Gänseblümchen sind nicht so nährstoffhungrig und durstig wie Pflanzen mit großen und fleischigen Blättern. Gut passen sie deshalb zu ähnlich anspruchsloser Pflanzen wie *Brachycome, Felicia* und *Zinnia*. Die weißen, gänseblümchenartigen Blüten, die zart rosa schimmern, erreichen einen Durchmesser von 1 cm. Sie erscheinen sehr zahlreich den ganzen Sommer über. Auch als Unterbepflanzung zu Kübelpflanzen mit geringem Nährstoffbedarf (z.B. *Yucca, Cordyline*) eignen sie sich ganz prächtig und decken den Fuß der Pflanze sehr gut ab. Wegen ihrem stark überhängenden Wuchs eignen sie sich auch als Ampelpflanze vorzüglich.

Das weiße Gänseblümchen verträgt nicht soviel Dürgergaben.

STANDORT: Sonnig.
ERDE: Für Schwachzehrer.
PFLEGE: Regelmäßig gießen und sparsam düngen.
VERMEHRUNG: Aussaat.
ÜBERWINTERN: Man überwintert das Weiße Gänseblümchen gleich zusammen mit der jeweiligen Kübelpflanze im selben Topf.

DUFTSTEINRICH,
EINJÄHRIGES STEINKRAUT
Lobularia maritima

Der Duftsteinrich ist, wie sein Name schon vermuten läßt, ein angenehm duftender Balkongast. Die weißen, bauschigen Blütenknäuel öffnen sich ab Juni, um ihren honigsüßen Duft zu verströmen. Im Kasten bildet er

einen langanhaltenden überhängenden Duftteppich. Der Duftsteinrich wächst eher in die Breite als in die Höhe. Er ist deshalb ein typischer Bodendecker und bildet im Kasten überhängende Polster. Es gibt Sorten, die weiß blühen, aber auch solche in Rosa und Violett. Beim Kauf sieht die Jungpflanze noch etwas kümmerlich aus, aber lassen Sie sich nicht dazu verleiten, die einzelnen Exemplare zu dicht nebeneinander in den Topf zu setzen. Durch ihre starke Wuchskraft explodiert *Lobularia* förmlich und es kann den Pflanzen schnell zu eng werden. Pflanzt man sie im Kasten ganz nach vorn, so hängen sie schon bald wie »Schönwetterwolken« über den Rand.
STANDORT: Sonne bis Halbschatten.
ERDE: Für Mittelstarkzehrer, kalkliebend.
PFLEGE: Nach der Hauptblüte einmal zurückschneiden, dann beschert die Pflanze noch eine zweite Blüte im Spätsommer.
VERMEHRUNG: Ab April direkt in den Kasten säen.
IM KASTEN: Seite 40, 101, 104.

Duftsteinrich wächst kompakt und überhängend.

GOLDFIEBER
Bidens ferulifolia

Unzählige sternförmige Blüten erscheinen von Mai bis zum Frost in einem wahren Blütenrausch. Diese schnellwachsende Sommerblume mit dem feinen, gefiederten Laub hat einen lockeren und sehr ausladenden Wuchs. Bevor sie in bis zu 50 cm langen Trieben weit nach unten hängt, wächst sie zuerst waagrecht, was auf einem engen Balkon zu Platzproblemen führen kann. Es ist unglaublich, wie eine Pflanze mit so zartem Laub eine so große Anzahl an Blüten hervorbringen kann. Sie braucht nicht ausgeputzt zu werden, da sie keinen Samen ansetzt, ihre verwelkten Blüten verschwinden einfach unter dem nachwachsenden, jungen Laub. Zu ihrer großen Blühfreudigkeit gesellt sich noch eine überaus starke Regenfestigkeit. Selbst starke Regenschauer können den Blüten nichts anhaben. Durch

Bidens blüht über und über.

Alle Teile der Kapuzinerkresse sind eßbar.

ihren dominanten Wuchs sollte sie sparsam verwendet werden, da sie alle anderen Pflanzen sonst verdrängt. Maximal 3 Pflanzen pro Meter sind ausreichend.

STANDORT: Vollsonnig.
ERDE: Für Starkzehrer.
PFLEGE: Da sie eine so große Wuchskraft hat, benötigt sie eine entsprechend große Wasser- und Düngerzufuhr.
VERMEHRUNG: Durch Stecklinge.
IM KASTEN: Seite 45.

KAPUZINERKRESSE
Tropaeolum majus

Für den Balkonkasten gibt es die kompakt wachsende 'Nanus'-Farbmischung. Auffällig ist auch die Sorte 'Alaska' mit weiß panaschiertem Laub und 'Whirlybird Scarlet' mit halbgefüllten, scharlachfarbigen Blüten. Alle Teile dieser Pflanze können in der Küche verwendet werden. Die würzigen Blätter kommen mit in den Salat, denn sie schmecken ähnlich wie Brunnenkresse. Die Blüten eignen sich besonders gut zum Dekorieren von Salaten und Kuchen. Sogar die Früchte, unreif geerntet, können in Essig eingelegt werden und dienen dann als pikanter Kapernersatz. Am schönsten entwickelt sie sich ganz allein in einem Kasten. Dort entwickelt sie bis in den Herbst hinein ihre knallig orangeroten Blüten. Die Pflanzen sind allerdings frostempfindlich und müssen eventuell abgedeckt werden.

STANDORT: Sonnig. Halbschatten wird toleriert, aber sie blüht dann nicht so reichlich.
ERDE: Für Mittelstarkzehrer.
PFLEGE: Nicht übermäßig feucht halten und nur wenig düngen. Überdüngte Pflanzen bekommen viel Laub aber wenig Blüten. Bei anhal-

tender warmer Witterung bekommt sie leicht schwarze Läuse. Diese werden am schnellsten mit einem kräftigen Wasserstrahl aus einer Sprühflasche entfernt.

VERMEHRUNG: Aussaat von April bis Mai direkt in den Kasten. Dabei im Abstand von 20 cm 3–5 Körner auslegen. Nach der Keimung müssen die kräftigsten Pflanzen vereinzelt werden.

IM KASTEN: Seite 43.

PANTOFFELBLUME
Calceolaria integrifolia

Für den Balkon gibt es heute die schön kompakt wachsenden F1-Hybriden, die sich gut für die gemischte Kastenbepflanzung eignen. Die Sorte 'Triomphe de Nord' blüht sehr früh und reichlich. Calceolarien gehören zu den etwas heiklen Balkonblumen:

Die Pantoffelblume ist eine etwas heikle Pflanze.

Werden sie zu naß gehalten, faulen ihre Wurzeln und die Pflanze stirbt schnell ab. Gleichermaßen empfindlich reagieren sie auf einen zu hohen Düngergehalt und pH-Wert im Substrat mit gelben Blättern (Chlorosen). Vielerorts kann man beobachten, daß Calceolarien mit Pelargonien zusammengepflanzt werden, obwohl beide in ihren Ansprüchen vollkommen unterschiedlich sind.

STANDORT: Sonnig bis halbschattig.
ERDE: Für Mittelstarkzehrer, da sie im Jugendstadium besonders salzempfindlich ist, eignet sich die Einheitserde ED 73 am besten.
PFLEGE: Die verblühten Teile müssen regelmäßig abgezupft werden. Regelmäßig, aber niedrig dosiert düngen, sonst läßt die Blüte nach. Ideal ist ein Depotdünger.
VERMEHRUNG: Die Aussaat der F1-Hybriden erfordert eine lange Vorkultur und ist für Laien nicht empfehlenswert. Stecklingsvermehrung kann im Herbst erfolgen.
IM KASTEN: 102, 179.

Die Blüten des Hornklees sehen wie kleine Feuerzungen aus.

HORNKLEE
Lotus maculatus

Der Hornklee ist eine ausgezeichnete Ampelpflanze und macht bei guter Pflege bis zu 2 m lange Triebe. Die orangegelben Blüten sehen aus wie kleine Feuerzungen; in der Hochblüte gleicht die Pflanze dann einem brennenden Busch. Die Sorte 'Gold Flash' ist sehr blühwillig und unempfindlich. Leicht verwechseln kann man sie mit dem rotblühenden *Lotus berthelotii,* der etwas feineres Laub besitzt. *Lotus berthelotii* ist etwas empfindlicher und nicht so blühfreudig, hat aber ansonsten die gleichen Bedürfnisse wie seine gelbblühende Schwester.

STANDORT: Vollsonnig, im Halbschatten bildet sie nur wenig Blüten, aber genausoviel dekoratives Laub.
ERDE: Für Starkzehrer.
PFLEGE: *Lotus* braucht viel Dünger und Wasser. Die Erde muß immer gut feucht sein. Trocknet der Ballen aus, so wirft sie alle Blätter ab.
VERMEHRUNG: Durch Stecklinge die im Herbst von der Mutterpflanze genommen und in kleinen Gruppen in den Topf gesetzt werden. Durch ihre starke Wurzelbildung bekommt man die Jungpflanze schlecht aus dem Tontopf. Sie dürfen aber die Wurzeln beim Umtopfen nicht beschädigen, sonst wächst sie nicht mehr weiter.
ÜBERWINTERUNG: Bei 5° C kann sie den Winter überdauern, sollte aber nie ganz austrocknen. Wird sie zu warm überwintert, so kommen im nächsten Jahr nur sehr wenig Blüten.

Die Gazanie liebt die pralle Sonne.

MITTAGSGOLD, GAZANIE
Gazania-Hybride

Alles an der Gazanie weist geradezu darauf hin, daß sie eine richtige Sonnenanbeterin ist. Die großen Korbblüten in Gelb, Orange und Brauntönen erscheinen an heißen Standorten überaus zahlreich. Ihr Laub ist häufig blaubereift. Sie ist eine reine Schönwetterblume und öffnet ihre Blüten nur bei Sonnenschein. Gazanien sind für die eher problematischen Südbalkone genau das Richtige, denn in der prallen Sonne fühlen sie sich wie zu Hause in Südafrika. Für den Balkon eignen sich die im Frühjahr angebotenen und aus Stecklingen vermehrten Sorten am besten. Sie sind zwar teurer als die aus der Tüte gezogenen, wachsen aber kompakter, sind blühfreudiger und beginnen bereits Mitte Mai mit der Blüte. Eine schöne Sorte ist 'Sonnengold' mit leuchtend gelben Blüten und grazilem, silbrigem, Laub, sowie 'New Magic' mit lebendigen, gelb-orangen Blüten und

schwarzbrauner Zeichnung. Von den aus Samen gezogenen Sorten sind nur die Zwergsorten wie 'Ministar' und 'Garden Sun' zu empfehlen. Sie fangen aber erst im Juni mit der Blütenbildung an.
STANDORT: Vollsonnig.
ERDE: Für Mittelstarkzehrer, Drainage legen.
PFLEGE: Gazanien leben in ihrer Heimat immer in der Nähe von Wasser. Dies gibt den Hinweis, daß Gazanien zwar pralle Sonne lieben, aber niemals trocken stehen wollen. In den heißen Sommermonaten dürfen Sie nicht vergessen, reichlich zu gießen. Damit sie genug Kraft für eine ununterbrochene Blütenbildung hat, sollte regelmäßig gedüngt und Verwelktes rechtzeitig entfernt werden.
VERMEHRUNG: Durch Aussaat im März auf der Fensterbank.

GELBES GÄNSEBLÜMCHEN
Dyssodia tenuiloba

Dyssodia ist in ihrer ganzen Erscheinungsform und in ihren Ansprüchen dem Blauen Gänseblümchen sehr ähnlich und wird deshalb auch mit Recht »Gelbes Gänseblümchen« genannt. Die Pflanze wächst ziemlich in die Breite und bildet schöne überhängende Polster aus, die über und über mit kleinen gelben Blüten übersät sind. Gut als Partner geeignet ist das Blaue Gänseblümchen, die Studentenblume, und die Zinnie. Wohl fühlt es sich auch als Bodendecker zu Füßen von Kübelpflanzen, als Ampel und in Kastengemeinschaften.
STANDORT: Sonnig bis halbschattig.

ERDE: Für Schwachzehrer, unbedingt Drainage legen.
PFLEGE: Die zierliche Pflanze verdunstet nur wenig Wasser über das zarte Laub und benötigt deshalb keine hohe Wasserzufuhr. Eine wöchentliche schwache Düngung ist ausreichend. Sie blüht auch ohne großen Pflegeaufwand, ist überaus wetterfest und »putzt« sich selbst.
VERMEHRUNG: Aussaat ab Februar bei 16°C. Stecklingsvermehrung ist nur bei der Sorte 'Sternschnuppe' möglich.
IM KASTEN: Seite 98.

STUDENTENBLUME, SAMMETBLUME
Tagetes-Hybriden

Für alle, die sich eine robuste und auffallende Balkonblume mit langer und zuverlässiger Blüte wünschen, ist die Studentenblume genau das Richtige. Alle Tagetessorten wachsen straff aufrecht, und bilden kleine Büsche aus. Vorherrschende Blütenfarben sind Gelb, Orange und Braun

Das Gelbe Gänseblümchen.

in vielen Abstufungen. *Tagetes-Erecta*-Hybriden sind auffallende Pflanzengestalten mit riesigen Blütenkugeln auf hohen Stengeln. Sie eignen sich gut für eine Kübelbepflanzung, müssen aber an einen Stab gebunden werden, um bei Wind nicht abzuknicken. Neuere Züchtungen wie z.B. *Tagetes-Erecta* 'Inca' werden nur 30 cm hoch und können sogar in den Kasten gepflanzt werden. Noch niedriger bleiben die Sorten der *Tagetes-Patula*-Hybriden. Ganz oben in der Beliebtheitsskala steht die *Tagetes patula* 'Yellow Boy'. Noch unkomplizierter in der Pflege ist aber die ungefüllte *Tagetes patula* 'Nana', weil sie regenunempfindlich ist und nicht ausgeputzt werden muß. Das Gleiche gilt auch für die entzückenden *Tagetes tenuifolia,* die sich jedoch sowohl in ihrer Ansprüchen wie auch in ihrer Erscheinungsform wesentlich von den anderen unterscheiden. Sie bildet sehr dekorative, kompakte Büsche aus filigranem Laub. Erst relativ spät, ab August, erscheinen die einfachen Blüten in verschwenderischer Fülle. Berührt man ihr Laub, verströmt sie einen angenehmen, würzigen Orangenduft. Die klaren gelben Farben von *Tagetes* können Sie farbenfroh kombinieren z.B. mit blaublühenden Petunien und roten Pelargonien. Durch ihr eher filigranes Laub und den lockeren Wuchs paßt die *T. tenuifolia* besser zu Balkonblumen mit Wildcharakter wie *Brachycome, Felicia* und *Zinnia*.

STANDORT: Die Mexikanerin liebt die pralle Sonne, blüht aber auch im Halbschatten noch gut.

ERDE: Für Mittelstarkzehrer. Verträgt keine Staunässe.

PFLEGE: Die verblühten Teile der gefüllten Sorten müssen regelmäßig entfernt werden, da sie bei anhaltenden Regen leicht faulen können. Die kontinuierliche Düngung sollte nicht zu stickstoffbetont sein.

VERMEHRUNG: Sie können leicht ab März auf der Fensterbank ausgesät werden und blühen dann etwa ab Juni. Zur Aussaat unbedingt sterile Erde verwenden. In milden Gegenden können sie ab Ende April auch direkt in den Kasten gesät werden.

IM KASTEN: Seite 33, 34, 36, 37, 44, 98, 99.

Husarenknopf und Studentenblume holen die Sommersonne auf den Balkon.

HUSARENKNÖPFCHEN
ZWERGSONNENBLUME
Sanvitalia procumbens

Der üppig blühende und polsterartig wachsende Husarenknopf ist aus dem Balkonkasten nicht mehr wegzudenken. Er rundet das Gesamtbild des Sommerblumenkastens harmonisch ab, da er weit über den Kasten-

rand nach unten hängt. Die sonnen-
blumenähnlichen, aber im Durchmesser nur 1 cm kleinen Blüten sitzen über und über auf dem Laub. Sie
wachsen stark überhängend und eignen sich hervorragend für die
Kastenunterbepflanzung. Die Sorte
'Goldteppich' wächst kompakter,
hängt aber dafür nicht so weit herab.
Auch als Ampelpflanze hat sie sich
hervorragend bewährt sowie als
Unterbepflanzung für Kübelpflanzen
mit einem hohen Stamm.Er blüht
von Juni bis weit in den frostigen
Herbst hinein.
STANDORT: Sonnig.
ERDE: Für Mittelstarkzehrer.
PFLEGE: Sie benötigt durchlässige
Erde; da sie stark wächst, braucht
sie regelmäßig Nährstoffzufuhr.
Der Ballen darf nicht austrocknen.
VERMEHRUNG: Durch Aussaat Anfang
März auf der Fensterbank. Wer sich
die Anzucht sparen will, kauft das
Pflänzchen günstig beim Gärtner.
IM KASTEN: Seite 34, 92, 98.

ZINNIE
Zinnia angustifolia

Die überaus entzückende Zinnie mit
ihren weißen, gelben oder orangen
Korbblüten ist unentbehrlich für eine
Balkonbepflanzung, die wenig
Ansprüche stellt wie *Felicia, Brachycome, Gazania, Verbena, Argyranthemum* und *Dyssodia.* Immer noch viel
zu selten sieht man die schmal-
blättrigen Zinnien in unseren Balkonkästen, obwohl sie zu den dankbarsten aufrechtwachsenden Balkonblumen zählen. Sie bilden elegante,
lockere Sträucher von 25 cm Höhe.

Zinnien gibt es in vielen Farben.

Die Sorte 'Classic' mit ihren einfachen orangegelben Blüten ist sehr
robust und regenunempfindlich. Die
ebenfalls empfehlenswerte Sorte
'White Star' bildet cremefarbene,
sehr apparte Blüten aus.
STANDORT: Vollsonnig.
ERDE: Für Mittelstarkzehrer mit
Lehm und Sand etwas strecken,
damit der Salzgehalt niedriger wird.
Es ist günstig, eine Drainage zu legen.
PFLEGE: Nicht zu feucht halten.
Harmonischer Wechsel zwischen
Abtrocknungsphase und Gießen. Aus
optischen Gründen sollte das Ver-
blühte entfernt werden. Regelmäßi-
ge, niedrig dosierte Nachdüngung ist
für eine gute Nachblüte erforderlich.
VERMEHRUNG: Aussaat.
IM KASTEN: Seite 42, 102.

GRANATAPFEL
Punica granatum 'Nana'

In seiner Heimat in Südosteuropa ist
der Granatapfel ein Strauch, der im
Herbst seine Blätter bunt färbt und
ohne Laub überwintert. Vom Granatapfel gibt es auch eine balkontaugliche Zwergform, die schon als Jungpflanze mit herrlich orangeroten,
glockenförmigen Blüten aufwartet.
Vereinzelt setzt sie auch kleine kugelige und ledrige Früchte an, die allerdings ungenießbar sind. Der Zwerg-
granatbaum gehört wegen seiner
Reichblütigkeit und unkomplizierten
Haltung zu den dankbarsten Kübelpflanzen.
STANDORT: Als typisch mediterraner
Vertreter liebt *Punica* einen vollsonnigen Platz.
ERDE: Für Schwachzehrer. *Punica*
gehört zu den Pflanzen, die nur
alle 3-5 Jahre umgetopft werden
müssen.
PFLEGE: Der Strauch hat einen niedrigen Nährstoffbedarf. Ab August darf,
wie bei allen Gehölzern, nicht mehr
gedüngt werden, um die Holzaus-
reife der neuen Triebe nicht zu ver-
zögern. Auch die Wassergabe wird
schrittweise reduziert.
ÜBERWINTERUNG: Erst wenn das Ther-
mometer unter -5°C fällt, kommt
Punica ins kalte Winterquartier. Für
diesen laubabwerfenden Strauch
reicht ein dunkler Ort, der aber nicht
wärmer als 5°C sein darf, denn
sonst beginnt der Austrieb zu früh.
Im Frühling darf der Granatapfel als
einer der ersten wieder an seinen
Balkonstammplatz, um hier den
ersten Neuaustrieb langsam zu beginnen. Bei starkem Frost müssen
Sie ihn aber nochmal ins Haus holen.

ZIGARETTENBLÜMCHEN, STREICHHOLZFUCHSIE
Cuphea ignea

Das Zigarettenblümchen erfreut sich auch bei eingefleischten Nichtrauchern großer Beliebtheit. Tatsächlich wirken die kleinen orangefarbenen, schwarzgemusterten Blüten wie viele glimmerde Zigaretten. Schon ihr kleines Laub weist auf einen bescheidenen Nährstoff- und Wasserbedarf hin. Durch ihren waagerechten Wuchs eignet sie sich optimal als

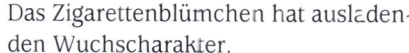

Das Zigarettenblümchen hat ausladenden Wuchscharakter.

Der Granatapfel überwintert ohne Laub im Keller.

ausladende Ampelpflanze. Das bescheidene Zigarettenblümchen wächst eher langsam und kann sich schlecht gegenüber stärkerwachsenden Pflanzen behaupten. In so einer Gesellschaft wird es schnell verkümmern. In Gemeinschaft mit *Hymenostemma paludosum* oder *Brachycome* dagegen fühlt es sich wohl und blüht förmlich auf.

STANDORT: Sonnig bis halbschattig.
ERDE: Für Mittelstarkzehrer.
PFLEGE: Für eine harmonisch abgestimmte Wasserzufuhr ist es sehr dankbar. Auf längeres Trockenstehen reagiert es mit Abwerfen der Blätter.
VERMEHRUNG: Stecklinge.
ÜBERWINTERUNG: Wollen Sie sich im nächsten Jahr wieder an ihm erfreuen, so müssen Sie die im August geschnittenen und bewurzelten Stecklinge kühl überwintern.
IM KASTEN: Seite 179.

WANDELRÖSCHEN
Lantana-Camara-Hybride

Das Wandelröschen trägt seinen Namen zurecht, denn die Blütenrosetten verändern sich im Lauf der Blütezeit immer mehr, so daß an ein und derselben Blüte alle Farbabstufungen zu erkennen sind. In vielen Farbnuancen von weiß, gelb, orange über rot, braun bis violett werden sie im Handel angeboten. Als Stämmchen gezogen nimmt es am wenigsten Platz in Anspruch und kann so auch für kleinere Balkone verwendet werden. Ist das Stämmchen hoch genug, so kann die ausladende Blütenkrone noch ein schattiges Plätzchen bieten. Vergessen Sie nicht, das Stämmchen an einen Stab zu binden, damit der Wind es nicht umwehen kann. *Lantana montevidensis* mit seinen rosaroten Blüten besitzt einen eher kriechenden Wuchs und eignet sich deshalb auch sehr gut als Ampelpflanze. Mit etwas Glück ist es beim Gärtner zu bekommen.

STANDORT: Vollsonnig.
ERDE: Für Mittelstarkzehrer, als Jungpflanze ist sie sehr empfindlich gegenüber starker Düngung.
PFLEGE: Da das Wandelröschen viele Früchte ansetzt, ist für eine ausdauernde Blüte das regelmäßige Entfernen aller verwelkten Blüten notwendig.
VERMEHRUNG: Einfach durch Stecklinge. Eine Aussaat lohnt sich nicht.
ÜBERWINTERUNG: Es kann nur an einem hellen Ort überwintert werden bei einer Temperatur von ca. 10–15° C.

ZIERTABAK
Nicotiana x *sanderae*

Der am Abend zart duftende Ziertabak eignet sich sehr gut für Balkonkästen. Er blüht ohne viel Pflegeaufwand zuverlässig von Juni bis in den Spätherbst hinein und wird ca. 40 cm hoch. Seine Stengel sind weich und geben auch etwas stärkerem Wind ohne zu brechen nach.

In vielen Farben: Ziertabak.

Das Wandelröschen verändert nach und nach seine Blütenfarbe. Sorte: 'Prof. Raoux'.

Erst in der Abendluft oder nach einem Regenschauer fängt er an zu duften. Pflanzen Sie pro Kasten nur 1–2 Leitpflanzen in den Hintergrund, vor denen dann niedrigwachsende und hängende Sommerblumen gesetzt werden. *Nicotiana* gibt es mit weißen, rosafarbenen und roten Blüten.

STANDORT: Sonnig.
ERDE: Für Mittelstarkzehrer, lehmig-humos.
PFLEGE: Auch ohne viel Pflegeaufwand blüht er den ganzen Sommer. Die Blüten sind klebrig behaart und bleiben beim Auspuzzen oft an den Fingern hängen. Ein Zurückschneiden nach der Hauptblüte fördert die weitere Blütenbildung.
VERMEHRUNG: Die Aussaat sollte dem Gärtner überlassen werden.
IM KASTEN: Seite 32, 46, 100.

LÖWENMÄULCHEN
Antirrhinum majus

Die Blüten des Löwenmaules sind in Ober- und Unterlippe geteilt, deshalb zählt es zu der Rachenblütlern. Nur die Hummeln sind in der Lage, an den süßen Nektar heranzukommen, der tief im Schlund verborgen ist. Wenn Sie einen Blick in die »Höhle des Löwens« werfen wollen, so müssen Sie es der Hummel nachmachen und leicht auf den unteren Teil der Blüte drücken. Für den Balkon werden extra kleinbleibende Sorten angeboten, die in allen nur erdenklichen Farben und Farbmischungen im Handel erhältlich sind.

STANDORT: Sonne bis Halbschatten.
ERDE: Für Mittelstarkzehrer, unbedingt eine Drainage legen.

PFLEGE: Das Löwenmäulchen hat die Tendenz, viel Samen anzusetzen, die Sie regelmäßig entfernen müssen. Wollen Sie einen buschigeren Wuchs erzielen, so muß die Jungpflanze an den Triebspitzen gestutzt werden.
VERMEHRUNG: Durch Aussaat.
IM KASTEN: Seite 80, 99.

CHINESISCHE- ODER HEDDEWIGSNELKE
Dianthus-Chinensis-Hybride

Diese weitverbreitete und allseits beliebte Nelke bildet ganz entzückende zerschlitzte und gefranste Blütenblätter aus. Sie strahlt liebenswerten, nostalgischen Charme aus und besitzt einen würzigen Duft. Oftmals ist sie mehrfarbig, getüpfelt, gesprenkelt und gesternt. Es gibt sie in allen Farben, so daß kein Wunsch offen bleibt. Durch diese Farbvielfalt eignet sie sich sehr schön zur harmonischen Farbabstimmung mit anderen Balkonblumen. Sie wächst nicht zu hoch, ist vielstielig und breitwüchsig. Sie wächst zunächst aufrecht, später hängen die mit Blüten beladenen Stengel etwas nach vorne über. Von den zahlreichen Sorten hat sich die kompakte und reichblühende 'Parfait' besonders ausgezeichnet. Schon ab Anfang Mai beginnen sich die Blüten nacheinander auf den kräftigen Blütentrieben zu öffnen. Im Juni/Juli erreicht die Pflanze ihren Blütenhöhepunkt.

Das Löwenmäulchen wird nur von Hummeln besucht.

Dianthus gibt es in allen Farben.

Danach hat sie eine mehrwöchige Blühpause, bis sich neue Knospen entwickelt haben.
STANDORT: Sonnig.
ERDE: Für Mittelstarkzehrer.
PFLEGE: Im Herbst gibt es nochmal eine Blühperiode, wenn sie nach der ersten Hauptblüte kräftig zurückgeschnitten wird. Sie verträgt keine Staunässe. Mittlerer bis niedriger Düngebedarf. Verwenden Sie einen phosphor- und kalibetonten Dünger. Bei Überdüngung werden die Pflanzen mastig und die Gefahr der Stengelgrundfäule erhöht sich.
VERMEHRUNG: Durch Aussaat.
IM KASTEN: Seite 44, 47, 104.

PELARGONIE
Pelargonium

Die Pelargonie ist ohne Zweifel der absolute Star auf unseren Balkonen, denn sie vereint alle wichtigen Eigenschaften, die eine gute Balkonblume haben muß. Die Blüten besitzen hohe Leuchtkraft und erscheinen ohne Pause und ohne großen Pflegeaufwand von Mai bis in den Herbst hinein überaus reichlich. Berühmt sind die »Geranienbalkone« der stolzen Bauernhöfe im bayrischen Oberland mit ihren meterlangen, oft viele Jahre alten Pelargonien, die wie prächtige Blütenteppiche herunterhängen. Jeder hat seine eigenen, oft streng geheim gehaltenen Tricks, wie er diese ehrwürdigen Pflanzen zu

Hängepelargonie 'Mexikanerin'

höchster Blütenbildung anregen kann. Eine Bäuerin hat mir einmal ihr Düngegeheimnis verraten. Sie nimmt eine Handvoll Kuhdung, löst ihn in einer Gießkanne mit Wasser auf. Von dieser Düngelösung gibt sie über die Woche hinweg verteilt dem Gießwasser zu. Dem Stadtbewohner

steht diese Naturdüngung leider nicht zur Verfügung und der Umgang damit ist wohl auch nicht jedermanns Sache. Ursprünglich stammen die Pelargonien aus Gebieten Südafrikas, in denen zeitweilige Trockenheit ganz normal ist. Sie wachsen dort auf freier Steppe, kommen aber auch in Felsschluchten mit nur halbtägiger Sonnenbestrahlung vor. Deshalb sind Pelargonien recht standorttolerant und wachsen auch noch sehr gut im Halbschattenbereich. Ungeeignet sind aber Nordbalkone und Balkone, die im kalten Schatten von Gebäuden und Bäumen stehen. Je mehr Licht und Wärme sie erhalten, umso schöner und üppiger entwickelt sich ihr Blütenflor. Die wohl am meisten verwendeten Pelargonien sind die Hängepelargonien oder *Pelargonium-Peltatum*-Hybriden. Sie erkennen eine Hängepelargonie an ihrem typischen glänzenden, fünflappigen Laub und an den dünnen niederliegenden Trieben. Unter den hängenden Pelargonien sind die Cascade-Sorten am meisten zu empfehlen. Ihre Einführung war eine Revolution auf dem Balkonblumenmarkt, denn keine andere Pflanze kann sich mit ihr im Hinblick auf Blüh- und Wuchskraft messen. Gleichzeitig stellt sie nur wenig Pflegeanforderungen, denn die einfachen Blüten rollen sich nach dem Verblühen sofort ein und fallen dadurch optisch nicht mehr ins Gewicht. Die Sorten mit einfachen Blüten sind alle wetterfest. Hängepelargonien sind keine Einzelgänger und sollten zu einer schönen Gemeinschaft mit Petunien und Margeriten kombiniert werden. Neben den Pelargonien mit einfachen Blü-

ten gibt es noch Sorten mit gefüllten Blüten. Leider sind diese sehr regenempfindlich. Die Blüten öffnen sich dann nicht vollständig und beginnen zu faulen. Optimal gedeihen sie an einem überdachten Ort und erfreuen, gut geschützt vor dem Regen, durch ihre Farbenpracht. Am meisten verträgt noch die Sorte 'Tavira' den Regen. Sie bildet rote gefüllte Blüten und ist sehr starkwüchsig. Neben den hängenden Pelargonien gibt es noch die *Pelargonium-Zonale-*

Hybriden mit aufrechtem Wuchs. Kennzeichen dieser Gruppe ist das runde, flaumige Blatt. Eine bewährte Sorte ist 'Stadt Bern' mit zinnober-roten einfacher Blüten und 'Rio', die hellrosa Blüten mit dunkelroter Mitte besitzt. Diese Sorten sind sehr pflegeleicht und witterungsbeständig. Jedes Jahr kommen immer neue Sorten mit immer größeren Blüten auf den Markt, die noch wuchsstärker sind. Ganz problemlos kann man in schon einer Saison die Pelargonien zum Hochstämmchen ziehen. Eine große Besonderheit stellen die Duft-pelargonien dar. Einige der etwa 240 Pelargonien-Wildarten zeichnen sich durch ihre duftenden Blätter und schön geformten Blüten aus. Früher wurden sie häufig als Zimmerpflanze gehalten und erleben zur Zeit eine Renaissance, sowohl im Zimmer als auch auf dem Balkon. Für den Blatt-duft sind die ätherischen Öle verantwortlich, die sich nur bei Berührung oder Reiben der Blätter entfalten.

Die gefüllte Hängepelargonie 'Amethyst' bleibt schön kompakt.

Durch Reiben an dem Blatt können Sie sich schon beim Kauf für die bevorzugte Duftrichtung entscheiden. Für diese überaus unkomplizierte Duftplanze sind die Blüten zweitrangig, obwohl auch sie bei näherer Betrachtung sehr hübsch sind. In England werden die Duft-pelargonien in Töpfen an den Haus-eingang gestellt, so daß der Besucher beim Vorbeistreifen von einer Duftwolke empfangen wird. *Pelargonium capitatum* duftet nach Rosen, *P. quercifolium* hat einen herb-würzigen Duft, *P. crispum* riecht intensiv nach Zitrone, *P. odoratissimum* duftet nach Apfel-Zitrone, *P. citronella* zaubert einen herrlichen Duft aus Melisse hervor, *P.* 'Clorinda' duftet betörend nach Eucalyptus und aus *P. graveolens*

Einladung zu einem sommerlichem Frühstück inmitten von Duft-, Cascade- und Zonale-Pelargonien.

Die halbgefüllte 'Lachskönigin' gehört zu den beliebtesten Hängepelargonien.

wird für die Parfümindustrie das Geranienöl gewonnen. Die Palette der Duftrichtungen läßt sich beliebig weiterführen und lädt den Duftliebhaber förmlich zum Sammeln ein.

STANDORT: Sonne bis Halbschatten.

ERDE: Für Starkzehrer.

PFLEGE: Beim Gießen daran denken, daß ein Zuviel schädlicher ist als ein Zuwenig. Pelargonien vertragen schon einmal eine kurze Trockenperiode. Auf ständig nasse Füsse reagiert sie schnell »verschnupft«. Eine herausragende Eigenschaft der Pelargonie ist ihre Kalkverträglichkeit. Aus diesem Grunde liebt sie sogar das Leitungswasser. Gefülltblühende hängende und stehende Pelargonien sollten regelmäßig ausgeputzt werden, denn verwelkte Blüten beginnen leicht zu faulen. Sollen Ihre Pelargonien bis in den Herbst hinein durchblühen, brauchen sie entsprechend ihrer unglaublichen Blühleistung eine kontinuierliche Düngergabe. Die Hängepelargonien und die *Pelargonium-Zonale*-Hybriden bekommen bei jedem Gießen hochdosierte (bis zu 1 Promille) Düngergaben ins Wasser hinein. Die Duftpelargonien werden wie Mittelstarkzehrer gedüngt. Sensationelle Erfolge werden einem organisch-minerali-

schen Spezialdünger für Pelargonien (Algoflash) nachgesagt. Dieser Dünger wird bei jedem Gießvorgang mit dem Gießwasser ausgebracht. Die Nährstoffe werden rückstandslos von der Pflanze verbraucht, es kommt zu keiner Salzanreicherung in der Erde. Mit dieser Methode wurden Pelargonien-Exemplare mit Trieben von 6 m Länge erzielt, die dann ins Guiness-

Für kleine Balkone: 'Acapulco'.

buch der Rekorde aufgenommen wurden. Wollen Sie Ihre Pelargonien überwintern, so darf ab August nur noch mit der Hälfte der Düngeration gegossen werden. Sie stellen dann

langsam ihr Triebwachstum ein und sind so für die winterliche Ruhepause gut vorbereitet.

VERMEHRUNG: Wegen ihrer so großen Bedeutung wird die Vermehrung hier extra erklärt.

1. Stecklingsvermehrung:

Die klassische Vermehrung der Pelargonien-Hybriden erfolgt über Stecklinge im August. Sie werden dann an einem hellen Fenster in einem kühlen Raum überwintert. Insbesondere Hängepelargonien verzweigen sich wenig und sollten Anfang März gestutzt werden. Es wäre schade, die so gewonnenen neuen Stecklinge einfach wegzuwerfen. Sie kommen in einen 10er Topf mit Anzuchterde und dann unter eine perforierte Plastikfolie. Nach einigen Wochen sind auch diese Pflanzen bewurzelt und kommen nun zu den

anderen Pelargonienpflanzen. Nach den Eisheiligen Mitte Mai werden sie ausgepflanzt.

2. Aussaat:

Die über Aussaat vermehrbaren sogenannten F1-Hybriden werden neuerdings in verstärktem Maße im Handel angeboten. Sie werden bereits ab Mitte Dezember im Zimmer ausgesät, denn sie haben eine lange Entwicklungszeit.

ÜBERWINTERUNG Voraussetzung für eine erfolgreiche Überwinterung ist ein heller, aber kühler Raum. Die Pflanzen werden rechtzeitig vor dem ersten Frost ins Haus gebracht, ausgeputzt und am besten auf eine dem Licht zugewandten Pflanzentreppe gestellt. Die Temperatur sollte zwischen 5–10° C liegen. Gut geeignet sind Fensterplätze in ungeheizten Räumen. Optimal wäre natürlich ein

Im Kasten vereint: *Pelargonium-Zonale-Hybriden* 'Brasil', 'Rio', 'Bravo', 'Casanova', 'Alba' und 'Kardino'.

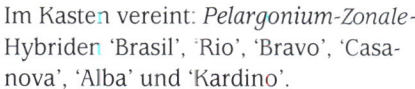

Zu den dekorativsten Pelargonien zählen immer noch 'Feuercascade' und 'Ville de Paris'.

Gewächshaus. Hier gilt die Regel: Je wärmer der Raum, umso heller muß er sein. Wärmer als 10° C sollte der Winterplatz aber nie sein. Während die Pelargonien sich von November bis Februar im Winterschlaf befinden, darf nur sehr wenig gegossen werden.

Schnitt im Winterquartier: Im Februar werden die Jungpflanzen entspitzt und die Altpflanzen etwas zurück-gestutzt. Sie werden dann vorsichtig mit ihrem Wurzelballen in neue Erde gesetzt. Erst ab Anfang März wird wieder mehr gegossen und mit zunehmendem Triebwachstum im 14tägigen Rhythmus gedüngt. Während die aus Stecklingen herangezogenen Pflanzen sehr frohwüchsig sind, kommen überwinterte Altpflanzen nur langsam wieder in Schwung und müßten für eine frühe Blüte im Gewächshaus vorgetrieben werden. So gehaltene Pelargonien gewinnen dann so manchen Balkonwettbewerb in den Dörfern. Für die meisten Pelargonien-Fans dürfte dieser Aufwand doch zu groß sein, und der Gang zum Gärtner ist bestimmt schneller und auch ein bequemerer Weg zum Blütenerfolg.

IM KASTEN: Seite 2, 4, 33, 34, 36, 40, 50, 83, 99.

ELFENSPORN
Diascia vigilis

Bei Staudenfreunden war dieser netter Dauerblüter schon lang im Garten zu finden. Seit einiger Zeit hat er nun auch die Balkone erobert und wird gerne als grazile Ampelpflanze verwendet. Die Sorte 'Elliott´s Variety' bildet rosafarbene Rachenblüten, die an langen Rispen erscheinen. Ihr Wuchs ist aufrecht und weit ausladend. Sie ist absolut regenfest und selbst wochenlanger Niederschlag kann ihr nichts anhaben. Sie ist überaus reichblühend von Mai bis in den Herbst hinein. *Diascia* paßt sehr gut zu Pflanzen mit blauen und weißen Blüten, die ähnliche Ansprüche stellen. Das sind z.B. *Felicia, Scaevola, Sutera* und *Argyranthemum.* Ein wetterfestes Duo bildet die *Diascia* zusammen mit der *Scaevola,* sie ergänzen sich auch farblich gut.

Der Elfensporn ist äußerst robust.

STANDORT: Sonne bis Halbschatten.
ERDE: Für Mittelstarkzehrer, unbedingt Drainage legen, denn bei Staunässe kann Triebsterben auftreten.
PFLEGE: Alte Blütenrispen müssen nach der ersten Hauptblüte herausgeschnitten werden.
VERMEHRUNG: Durch Stecklinge.
ÜBERWINTERUNG: Da es sich um eine winterharte Staude handelt, lohnt sich der Versuch, die Pflanzen auf dem Balkon zu überdauern. In sehr kalten Regionen muß für einen Ballenschutz gesorgt werden.
IM KASTEN: Seite 38.

OLEANDER
Nerium oleander

Mit dem Oleander verbindet jeder den sonnigen Süden. Dort ist er an allen Straßenecken zu finden. Er wächst dort gerne in Meeresnähe, wo er sich auch bei größter sommerlicher Hitze immer gut mit Wasser versorgen kann. Tatsächlich braucht er auch bei uns ein südliches Klima, um zur Blüte zu kommen. Oleandersorten mit gefüllten Blüten besitzen einen angenehm honigsüßen Duft. Leider sind die gefüllten Blüten regenempfindlich, häufig kommen sie gar nicht zur Blüte. Dankbarer erweisen sich die einfachen Sorten. Es gibt für den Balkon einen zwergwüchsigen Oleander, der mit seiner Wuchskraft den »Balkonrahmen« nicht sprengt. Häufig wird übersehen, daß der Oleander im Sommer neben einem vollsonnigen Platz auch viel Dünger und Wasser benötigt. Nur wenn diese Bedingungen erfüllt werden, kann er sich zu

Oleander braucht viel Sonne.

einem prächtigen Strauch entwickeln. Im Sommer stellt man deshalb den Topf auf einen mit Wasser gefüllten Untersetzer, denn im Gegensatz zu den meisten Balkonblumen liebt er im Sommer einen feuchten Fuß. Oleander ist in vielen Farben zu bekommen, so z.B. in Weiß, Rosa, Rot, Violett und neuerdings auch in Gelb.
STANDORT: Vollsonnig.
ERDE: Für Starkzehrer.
PFLEGE: Viel gießen und wie einen Starkzehrer düngen. Oleander liebt übrigens kalkhaltiges Leitungswasser.
VERMEHRUNG: Stecklinge im Spätsommer in ein bis zur Hälfte gefülltes Glas Wasser stellen bis sich Wurzeln bilden. Das Wasser öfters wechseln. Nach der Wurzelbildung in die Erde setzen.
ÜBERWINTERUNG: Oleander verträgt einige Grade Frost, muß aber ab – 5°C ins Haus geholt werden. Als

Verbena tenera 'Kleopatra' blüht den ganzen Sommer.

gutes Winterquartier eignet sich das kühle, helle Treppenhaus, aber notfalls nimmt er auch mit einem dunklen, kalten Keller vorlieb. Auf einem Kinderbalkon hat der Oleander nichts zu suchen, denn alle Teile sind bei Verzehr äußerst giftig!

EISENKRAUT, GARTENVERBENEN
Verbena-Hybriden

Die Verbenen gehören zu den frühblühenden Balkonblumen und sind durch ihre Farbvielfalt für die Gestaltung der Kästen sehr wichtig. Die meisten Sorten wachsen aufrecht oder leicht hängend und kompakt. Leider besitzen viele Sorten nur eine Hauptblüte und fallen im späten Sommer aus.
STANDORT: Sonnig.
ERDE: Für Mittelstarkzehrer.
PFLEGE: Da sie sehr viel Samen ansetzen, müssen die verblühten Teile ständig abgeschnitten werden. Es ist aber oft sehr schwierig, die Knospen von dem Verblühten zu unterscheiden. Dem Gießwasser muß regelmäßig Flüssigdünger beigegeben werden. Sie benötigen eine geringere Wasserzufuhr. Sobald die Nächte etwas kälter werden und das Wasser nicht mehr von den Blättern verdunstet, bekommen die Verbenen meistens Mehltau und sehen nicht mehr schön aus.
VERMEHRUNG: Stecklinge und Aussaat. Stecklingsvermehrte *Verbena*-Sorten sind dankbarer als Sämlings-Verbenen!
IM KASTEN: Seite 34, 40, 46, 73, 98.

HÄNGEVERBENE
Verbena tenera

Eine besonders empfehlenswerte Sorte für den Balkon ist 'Kleopatra' und 'Purpur Kleopatra', die kaum Mehltau bekommt und von Mai bis September zuverlässig durchblüht. Ihre Blüten in Altrosa lassen sich wunderbar mit zahlreichen anderen Balkonblumen kombinieren. Ihr Wuchs ist stark überhängend und ihre Triebe erreichen oft eine Länge von 1 m. Als Ampelpflanze und sogar als hochgezogenes Stämmchen hat sie sich bewährt. Sie eignet sich auch gut als Bodendecker für Kübelpflanzen und als Unterbepflanzung im Balkonkasten. Sie ist nicht nur wetterfest, sondern auch für unsere Schmetterlinge ein begehrtes Anflugsziel. Weiter gibt es noch die Sorte 'Ophelia' in Dunkelblau, 'Salome' in Rot und 'White Kleopatra', die weiße Blüten bildet.
STANDORT: Sonnig.
ERDE: Für Starkzehrer.
PFLEGE: Damit die Pflanze ständig neue blühfähige Triebe bildet, muß sie kontinuierlich gedüngt und gewässert werden. Auf Trockenheit reagiert sie sehr empfindlich. Ihre Blüten sind steril, deshalb setzt sie keine Samen an und muß auch nicht ausgeputzt werden.
VERMEHRUNG: 'Kleopatra' muß über Stecklinge vermehrt werden und zählt deshalb zu den eher teueren Balkonblumen.
ÜBERWINTERUNG: Da sie das Laub nicht verliert, muß sie hell überwintert werden. Wertvolle Stämmchen und Ampeln überwintern Sie deshalb am besten bei einem Gärtner, der Pflanzen in Winterpflege nimmt.
IM KASTEN: Seite 37, 38, 51, 101, 104.

Eine Ampelpflanze der Superlative
ist die großblütige tiefpurpur-
farbene 'Shihi Purple'

PETUNIA-SURFINIA-Hybride

Die aus Japan stammenden *Petunia-Surfinia*-Hybriden bieten uns eine verschwenderische Blütenpracht. Auf dem Markt gibt es die violett blühende Sorte 'Shihi Purple', Sorten mit weißem, lila-rosafarbenem und leuchtend violettem Blütenflor. Sie können meterlange Triebe bilden, die über und über mit leuchtenden Blüten besetzt sind. Ihre Wachstumsgeschwindigkeit kann bei guter Nährstoffzufuhr bis zu 3 cm pro Tag betragen ! Sie eignen sich als prächtige Ampel genausogut wie für eine farbenfrohe Balkongesellschaft. Zu den Petunien lassen sich problemlos weiße und rosarote Pelargonien kombinieren, da sie beide den gleich hohen Nährstoffbedarf haben. Auch weiße und violette Sorten zusammengepflanzt ergeben eine interessante, kontrastreiche und blütenreiche Verbindung. Ohne Bedenken kann man auch *Scaevola, Bidens* und

Weiß mit einem
dunkelblauen Schlund erscheinen
die Blüten der 'Blue Vein'.

Kleiner in der Blüte aber unglaublich
reichblütig ist die Sorte 'Pink Mini'

Monopsis lutea dazugesellen. Surfinias haben eine so starke Regenerationskraft, daß sie den ganzen Sommer blühen, ohne einmal ausgeputzt zu werden.

STANDORT: Vollsonnig.

ERDE: Für Starkzehrer.

PFLEGE: Sie haben zusammen mit Pelargonien den höchsten Nährstoffbedarf, ansonsten wenig Pflegeaufwand. Haben Sie nur die Möglichkeit, mit kalkhaltigem Leitungswasser zu gießen, so kann es passieren, daß

sich die Blätter im Hochsommer gelb färben, denn sie verträgt keinen starken Anstieg des pH-Wertes in der Erde. Verwenden Sie dann einen sauerwirkenden Volldünger und geben Sie etwas Eisendünger (Flory 2, siehe Praxisteil S.187.) dazu. Innerhalb kürzester Zeit färben sich die Blätter wieder in kräftiges Grün.

VERMEHRUNG: Surfinias werden ausschließlich über Stecklinge vermehrt.

IM KASTEN: Seite 10, 34, 45, 146.

'Pink Vein' erblüht in hellem Pink mit dunklem Schlund.

71

KASKADENBLUME
Centradenia 'Cascade'

Die Pflanze bildet zunächst dünne, überhängende Triebe die über und über mit pinkfarbenen Blüten bedeckt sind. Im Laufe des Sommers bilden sich jedoch immer mehr aufrecht wachsende, kräftige vierkantige Triebe, die zunächst kupferrot gefärbt sind und einen wunderschönen Kontrast zu dem übrigen grünen Laub bilden. Die Blütenbildung beginnt immer an den älteren Trieben. Deshalb sollte die Pflanze nicht beschnitten werden. Sie eignet sich gut für die Mischbepflanzung mit anderen mittelstarkwachsenden Pflanzen und als Ampelpflanze. Achten Sie beim Kauf darauf, daß sie schon als Jungpflanze reichlich Blütenknospen zeigt.

Das Blaue Gänseblümchen eignet sich auch gut als Ampelpflanze.

STANDORT: Sonnig bis halbschattig.
ERDE: Für Mittelstarkzehrer.
PFLEGE: Regelmäßig gießen, ansonsten ist sie pflegeleicht, weil kein Ausputzen erforderlich ist.
VERMEHRUNG: Durch Stecklinge.
ÜBERWINTERUNG: Pflanze zurückschneiden und an einen hellen kühlen Ort stellen.

Die Kaskadenblume liebt eine gleichmäßig feuchte Erde.

BLAUES GÄNSEBLÜMCHEN
Brachycome multifida

Beim Kauf ist darauf zu achten, daß es *Brachycome*-Sorten mit unterschiedlichem Wuchscharakter gibt. Eine wichtige Sorte ist z.B. 'Ultra' mit kompaktem Wuchs. Sie besitzt himmelblaue Blüten auf hellem Laub und ist am besten für Kastenkombinationen geeignet. Die Sorte 'Amethyst' wächst eher locker und herunterhängend und zeigt dunkel purpurviolette Blüten auf dunklem Laub; sie eignet sich hervorragend als Ampelpflanze. Am wohlsten fühlt sie sich in der Gesellschaft mit dem Weißen und Gelben Gänseblümchen, aber auch mit dem Silberblatt und der

Gazanie kann sie ohne Probleme zusammengesetzt werden.

STANDORT: Sonnig.

ERDE: Für Schwachzehrer.

PFLEGE: Gleichmäßige Feuchtigkeit und volles Licht. Im Halbschatten wird sie faul und blüht nur noch wenig. Leicht kann sie übergossen werden, denn ihre filigranen Blätter verdunsten nicht so viel Wasser wie die großblättrigen Sommerblumen. Ihre nadelartigen Blätter verfärben sich dann gelb.

VERMEHRUNG: Aussaat ab März bei 20°C, Sorten werden über Stecklinge vermehrt und sollten vom Gärtner zugekauft werden.

IM KASTEN: Seite 33, 42, 44, 98, 146.

LEBERBALSAM
Ageratum houstonianum

Für den Balkon eignen sich die kompaktwachsenden Sorten, die es mittlerweile in einigen Blau- und Violettnuancen und auch in Weiß gibt. Blühfreudig ohne viel Pflegeaufwand ist die aufrechtwachsende Sorte 'Schnittwunder'.

STANDORT: Sonnig bis halbschattig.

ERDE: Für Starkzehrer.

PFLEGE: Humose und gut feuchte Erde. Das Gießen dürfen Sie nicht vergessen. Unbedingt nach der ersten Hauptblüte zurückgeschneiden.

VERMEHRUNG: Seit es die F1-Hybriden gibt, kann man den Leberbalsam auch im März auf der Fensterbank aussäen.

IM KASTEN: Seite 40, 101.

Eine der schönsten: die violett-blaue Fächerblume und das Leberbalsam.

FÄCHERBLUME
Scaevola saligna

Dieser lavendelblaue und mit fächerförmigen Blüten besetzte Halbhänger begeistert alle Balkonbesitzer jedes Jahr aufs Neue. Seine Fächerblüten erscheinen ununterbrochen in einer verschwenderischen Fülle bis zum ersten Frost. Die aus Australien stammende Fächerblume mit dem Sortennamen 'Blue Wonder' ist absolut wetterfest und läßt sich auch hervorragend als Ampelblume ziehen. Zurecht gilt sie deshalb als beste blaue Balkonblume. Eine besonders reizende Farbharmonie bildet sie mit der rosa blühenden *Diascia*. Ihre Triebe wachsen erst waagerecht, um dann später durch das Eigengewicht stärker überzuhängen. Die kompaktwachsende Sorte 'Petite' ist wesentlich kleiner und bildet nicht so lange Triebe wie ihre große Schwester. Sie eignet sich wunderbar als Unterbepflanzung für Hochstammkübel oder auch im Balkonkasten.

STANDORT: Sonnig bis halbschattig.

ERDE: Für Starkzehrer.

PFLEGE: Um die Blüten brauchen Sie sich nicht kümmern, denn sie läßt Verblühtes selber fallen. Aber die Wurzeln wollen nicht naß stehen und brauchen dringend eine Drainage. Sie sollte regelmäßig schwach dosiert gedüngt, aber gut feucht gehalten werden. Sie ist genauso pH empfindlich wie die *Surfinia*-Petunie und ihre Blätter können sich im Hochsommer gelb färben. (Siehe *Petunia-Surfinia* S. 71 Abschnitt Pflege). Normalerweise ist sie sehr widerstandsfähig, aber eine längere Staunässe schwächt und macht sie empfänglich für Pilzkrankheiten.

VERMEHRUNG: Stecklinge bewurzeln ganz leicht im Wasserglas.

IM KASTEN: Seite 38, 45, 46, 100, 103, 179.

Darf nicht fehlen: Ziersalbei.

ZIERSALBEI
Salvia farinacea

Der hübsche weiße oder dunkelblau blühende Ziersalbei ist für den Balkon unentbehrlich. Er kann mit fast allen üppig blühenden Sommerblumen kombiniert werden und blüht von Mai bis weit in den Oktober hinein. Er wächst mehr in die Höhe als in die Breite und wird 50–60 cm hoch. Das grauweiß-flaumige Laub bildet einen dichten Busch, aus dem die Blütenrispen kerzengerade herausragen. Die Sorte 'Unschuld' blüht weiß und wirkt etwas eintönig. Sie muß mit spritzigen Sommerblumen kombiniert werden. 'Viktoria' ist nicht so zurückhaltend, denn ihre Blüten leuchten in intensivem Blau. Die beiden zusammen ergeben einen netten Kontrast und ergänzen

sich herrlich. Sie duften angenehm fruchtig. Für den Ziersalbei gibt es kein schlechtes Wetter, denn er ist absolut regenfest und trotzt sogar den stärksten Winden.
STANDORT: Sonnig bis halbschattig.
ERDE: Für Mittelstarkzehrer.
PFLEGE: Ziersalbei hat einen mittleren Düngebedarf und sollte nicht zu stark gegossen werden. Der Jungpflanze muß man im Frühjahr den Haupttrieb abnehmen. Sie entwickelt danach 5–7 Seitentriebe gleichzeitig.
VERMEHRUNG: Durch Aussaat.
IM KASTEN: Seite 10, 47, 51, 84, 101, 179.

KAPASTER
Felicia amelloides

Mit der Kapaster steht uns eine der wenig aufrechtwachsenden Blaublüher zur Verfügung. Sie stammt aus dem heißen Südafrika und liebt auch bei uns die Sonne. Ihre wunderschönen blauen Blüten mit gelber Mitte beschert sie uns den ganzen Sommer über. Sie läßt sich gut mit *Zinnia, Gazania, Chrysanthemum paludosum,* roten *Dianthus* und den gelben *Tagetes tenuifolia* kombinieren.
STANDORT: Sonnig.
ERDE: Für Mittelstarkzehrer.
PFLEGE: Sie setzt zwar viele Samen an, aber die lassen sich ähnlich dem Löwenzahn leicht abschütteln. Das regelmäßige Düngen und Gießen dürfen Sie auf keinen Fall vergessen, da sie sonst sofort die Blütenpracht einstellt.
VERMEHRUNG: Im Frühjahr durch Stecklinge von überwinterten Pflanzen.

ÜBERWINTERUNG: Wird meist einjährig gezogen, kann jedoch gut überwintert werden, wenn ein heller, kühler (10° C) Raum zur Verfügung steht.

VANILLEBLUME, SONNENWENDE
Heliotropium arborescens

Diese ganz besonders wertvolle Balkonblume darf auf keinen Fall fehlen. Mit ihrem Vanilleduft begeistert sie nicht nur die Balkonbesitzer, sondern auch Bienen und Schmetterlinge werden von dem Duft in Scharen angelockt. Besonders abends, wenn die Luftfeuchtigkeit steigt, strömt sie ihren berauschend lieblichen Duft aus. Sie blüht den ganzen Sommer lang, sofern sie regelmäßig ausgeschnitten und gedüngt wird. Sie bildet tiefblauviolette oder hellblaue Blüten aus und wird sogar manchmal als Stämmchen angeboten. Sie ist problemlos mit allen anderen Far-

Blau und aufrecht: die Kapaster.

Die Vanilleblume zieht mit ihrem Duft Mensch und Insekten in ihren Bann.

ben der Saison zu kombinieren und ergänzt jede Mischbepflanzung hervorragend. Am wohlsten fühlt sie sich mit dem »Kopf« in der vollen Sonne und den »Füßen« in feuchter Erde – so blüht sie den ganzen Sommer lang.

STANDORT: Sonnig bis halbschattig.
ERDE: Für Mittelstarkzehrer.
PFLEGE: Regelmäßig gießen, denn sie mag es immer gleichmäßig feucht. Verblühtes muß abgeschnitten werden.
VERMEHRUNG: Aussaat und Stecklinge im August.
ÜBERWINTERUNG: Hell und kühl bei 5–10° C und hoher Luftfeuchte (Gewächshaus).
IM KASTEN: Seite 33, 36, 98, 99, 102, 103.

Lobelia erinus ‘Compacta’ bildet kompakte Blütenpolster.

LOBELIE, MÄNNERTREU
Lobelia erinus

Die 10 – 20 cm hohe afrikanische Staude wird bei uns als Einjährige gezogen. Ursprünglich hat die *Lobelia* eine dunkelblaue Blüte mit einem weißen Auge. Die Sorte ‘Cambridge Blue’, die vor 50 Jahren aus England zu uns kam, erfreut sich immer noch großer Beliebtheit. ‘Kaiser Wilhelm’ zeigt eine blaue Blüte über dunklem Laub. Auch Sorten in Weiß, Rosa und Hellblau gibt es zu kaufen. Die Sorte ‘Compacta’ zeigt, wie ihr Name schon sagt, einer eher aufrechten, geschlossenen Polsterwuchs. Eine reine Hängeform hat ‘Saphir’, die bis zu 40 cm herunterhängen kann und eher locker wächst. Eine hervorragende Ampelpflanze ist ‘Richardsonii’, die erst etwas später im Sommer ihre hellblauen Blüten zeigt. Sie schafft es nicht, schon im ersten Jahr ganz üppig zu blühen, läßt sich aber erfolgreich überwintern.

STANDORT: Sie wächst hervorragend auf dem Halbschattenbalkon. Auf dem Südbalkon kann man sie in den Schatten von anderen aufrechtwachsenden Balkonblumen setzen.
ERDE: Für Mittelstarkzehrer.
PFLEGE: Regelmäßig gießen, verträgt aber keine Staunässe und kann in sehr nassen Jahren komplett ausfallen. Im Jugendstadium hat sie einen größeren Nährstoffbedarf und sollte öfters in kleiner Dosierung gedüngt werden, reagiert aber empfindlich auf einen zu hohen Salzgehalt in der Erde. Nach der Hauptblüte muß sie sofort zurückgeschnitten werden, dann gibt es im Herbst nochmal einen schönen Blütenflor.
VERMEHRUNG: Im Frühjahr auf der Fensterbank durch Aussaat. Die Sorte ‘Richardsonii’ wird durch Stecklinge vermehrt.
ÜBERWINTERUNG: Nur die ‘Richardsonii’ kann überwintert werden, die anderen werden als Einjährige behandelt. Sie benötigt ein kühles und helles Winterquartier.
IM KASTEN: Seite 34, 36, 37, 40, 41, 51, 82, 98, 101, 104, 116.

ELFENSPIEGEL
Nemesia strumosa

Die Nemesie ist eine lustige Pflanze für Liebhaber graziler Balkonblumen. Es gibt sie in vielen Pastellfarben wie auch in kräftigen Kontrasten von Weiß, Orange über Rosa und Rot. Auch in ihrer Heimat findet man sie so vielfarbig vor. Sie wächst aufrecht und wird 30 – 60 cm hoch. Der obere Teil der Stengel ist mit Haaren besetzt. *Nemesia* eignet sich nicht so gut als Begleitung für ande-

Nemesia strumosa gibt es auch zweifarbig.

re Sommerblumen. Als Einzelgänger in einem Topf oder raumfüllend im Balkonkasten gedeiht sie am besten. *N. fruticans*, mit löwenmaulähnlichen Blüten an stabilen Rispen, ist wetterstabiler und sehr gut für einen gemischten Balkon geeignet. Es werden zwei schöne Sorten angeboten: 'Innocence' in Weiß mit gelben Punkten und 'Woodcote' mit violetten Blüten.

STANDORT: Sie liebt einen sonnigen und geschützten Platz, da sie bei Regen völlig zerzaust wird.

ERDE: Für Schwachzehrer.

PFLEGE: Der nette Rachenblütler möchte seine Wurzeln in durchlässigen Boden stecken. Er hat einen mittleren Nährstoffbedarf. Nach der Hauptblüte muß die Pflanze sofort zurückgeschnitten werden, um genügend Kraft für einen zweiten Blütenflor zu haben.

VERMEHRUNG: Aussaat im April bei 13–15° C auf der Fensterbank oder aber ab Mitte Mai direkt in den Kasten. Der Elfenspiegel braucht dann aber länger, bis er zur Blüte gelangt. *N. fruticans* nur über Stecklinge.

IM KASTEN: Seite 48/49.

BLAUE MAURITIUS
Convolvulus sabatius

Diese windenartige Pflanze mit den hellblauen Trichterblüten ist unter dem Namen »Blaue Mauritius« in den Handel gekommen. Sie bildet lang nach unten hängende Triebe, an deren Enden die lieblichen Blüten erscheinen. Sie öffnen sich bei Sonnenaufgang und schließen sich, sobald das Sonnenlicht schwächer wird. An bedeckten Tagen legt sie einen Blühruhetag ein. So kann es passieren, daß die Winde schon schläft, wenn Sie den Feierabend genießen wollen. Sehr gut eignet sie sich allein als Ampelpflanze, dann wird sie bei guter Überwinterung von Jahr zu Jahr schöner.

STANDORT: Sonnig, im Halbschatten öffnet sie die Blüten nicht.

ERDE: Für Starkzehrer.

PFLEGE: Bei einer guten Nährstoffversorgung schiebt sie bis in den Herbst hinein immer neue Blüten nach.

VERMEHRUNG: Im Herbst schneiden Sie 10 cm lange Triebe ab und setzen diese Stecklinge in ein Torf-Sand-Gemisch. Eine Aussaat ist auch möglich.

ÜBERWINTERUNG: Nach der Blütensaison wandert sie nicht in die Biotonne, sondern wird an einem hellen, kühlen Ort erfolgreich überwintert. Ist der Raum zu warm, so verweigert sie im nächsten Jahr die Blüte. Ein Zurückschneiden der Triebe bei älteren Exemplaren um Zweidrittel ist ratsam, da sie die Tendenz hat, an der Basis zu verkahlen.

IM KASTEN: Seite 50.

Die Blaue Mauritius benötigt volle Sonne.

OREGANO
Origanum vulgare 'Aureum'

Sie haben sich nicht in dem Kapitel geirrt, denn dies ist eine Zierform des bekannten Pizzagewürzes und soll eine interessante Abwechslung in unsere Balkonkästen bringen. Seine leuchtender grünlich-gelben Blätter haben eine starke Fernwirkung. Mit seinem buschig-kompakten Wuchs paßt er hervorragend als Unterbepflanzung in gelbe Farbkombinationen oder als farbliche Ergänzung zu roten und blauen Sommerblumen.

Seine Inhaltsstoffe sind identisch mit der gebräuchlichen Gewürzpflanze .

STANDORT: Sonne bis Halbschatten.
ERDE: Für Mitte starkzehrer.
PFLEGE: Anspruchslos.
VERMEHRUNG: Stecklinge im August.

Der robuste Mottenkönig (rechts).

Der gelbe Oregano ist eine raffinierte Blattschmuckpflanze (unten).

MOTTENKÖNIG
Plectranthus coleoides 'Variegata'

Der Mottenkönig ist eine der unkompliziertesten Pflanzen im ganzen Balkonblumensortiment. Er bildet lange herabhängende Kaskaden an buntblättrigen Trieben, die bei Berührung einen herb würzigen Duft verströmen. Die indische Blattschmuckpflanze ist ein vorzüglicher Partner für rote Pelargonien. Beide steigern sich in ihrer Wirkung gegenseitig. Bis zu zwei Meter lange Triebe können heranwachsen.

STANDORT: Sonnig bis schattig.
ERDE: Für Starkzehrer.
PFLEGE: Anspruchslos.
VERMEHRUNG: Im Spätsommer Stecklinge.
ÜBERWINTERUNG: Wie die Pelargonie hell und kühl bei 10° C. Besser als bewurzelter Steckling.
IM KASTEN: Seite 50.

STROHBLUME
Helichrysum petiolare

Mit ihren silbergrünen Blättern wirkt die *Helichrysum* sehr gefällig und lockert eine strenge Pflanzengesellschaft wohltuend auf. Hier und da zwischen die Dauerblüher gesetzt, stellt sie eine interessante Verbindung zwischen den Blütenpflanzen her und gibt der Bepflanzung optische Tiefe. Setzt man sie zu einer schwachzehrenden Pflanzengemeinschaft, so paßt sie sich den Verhältnissen an. In einer Gruppe mit hohem Nährstoffbedarf kann auch sie zu einer beachtlichen Größe gelangen. Silberweiß behaarte, flauschige Blätter besitzt die Sorte 'Silver', die einen stark verzweigten Wuchscharakter hat. Bei guter Düngung wächst sie sehr breit und ausladend.
STANDORT: Sonnig bis halbschattig.
ERDE: Für Mittelstarkzehrer, braucht gute Drainage
PFLEGE: Anspruchslos, robust.
VERMEHRUNG: Stecklinge im August.
ÜBERWINTERUNG: Bewurzelte Stecklinge.
IM KASTEN: Seite 2, 46.

Die silbergraue Strohblume.

Die Sommerzypresse.

SOMMERZYPRESSE
Kochia scoparia

Diese aparte Blattschmuckpflanze bildet gleichmäßige kugelförmige Büsche aus hellgrünem, zierlichem Laub. Die Sorte 'Childsii' mit kugeligem Habitus und ca. 60 cm Höhe bleibt grün bis in den Herbst. Die Sorte 'Trichophylla' verfärbt sich im Herbst rot. Die geschützte Seite zur Hauswand hin bleibt noch länger grün, wodurch ein interessanter Farbkontrast entsteht. Im Kasten dicht nebeneinander gesetzt, wirkt sie wie eine Hecke und dient so wirkungsvoll als Sichtschutz. Gleichzeitig bietet sie auch einen idealen grünen Hintergrund für bunte Sommerblumen.
STANDORT: Sonnig.
ERDE: Für Mittelstarkzehrer.
PFLEGE: Sie benötigt regelmäßige Düngung, weil sie sehr schnell wächst.
VERMEHRUNG: Durch Aussaat.
IM KASTEN: Seite 80, 82.

BUNTMINZE
Mentha suaveolens 'Variegata'

Die Buntminze wächst sehr buschig und bringt interessante Strukturen in die Balkonblumenkombinationen. Ihr Wuchs ist sehr dominant, sie übernimmt gerne die Führung im Kasten und muß somit sehr sparsam verwendet werden. Man kann sie leicht mit dem Mottenkönig verwechseln, sie bildet jedoch keine langen Ranken sondern halbhängende Büsche. Die Blätter sind hellgrün mit einem rahmweißen gezackten Rand, die beim Reiben den typischen Minzenduft verströmen. Auch als Ampelpflanze eignet sie sich sehr gut.
STANDORT: Sonnig bis halbschattig.
ERDE: Für Mittelstarkzehrer.
PFLEGE: Anspruchslos, je mehr Dünger, desto stärker der Wuchs.
VERMEHRUNG: Sehr leicht durch Kopfstecklinge.
ÜBERWINTERUNG: Frostharte Staude, die im Kasten einen Winterschutz erhalten muß.
IM KASTEN: Seite 32, 38, 41, 42, 43.

Die buschige Buntminze.

Pflanzenkombinationen für den Sonnenbalkon

Aufrechtwachsend	Halbhänger	Hänger
	STARKZEHRER	
Argyranthemum frutescens Osteospermum ecklonis Pelargonium-Zonale-Hybriden	Ageratum houstonianum	Bidens ferulifolia Convolvulus sabatius Lotus maculatus Pelargonium peltatum Plectranthus coleoides Scaevola saligna Petunia-Surfinia-Hybriden Verbena tenera
	MITTELSTARKZEHRER	
Antirrhinum majus Callistephus chinensis Cosmos sulphureus Gazania-Hybriden Heliotropium arborescens Kochia scoparia Lantana-Camara-Hybriden Lilium regale Matthiola incana Mirabilis jalapa Nicotiana x sanderae Nigella damascena Papaver rhoeas Salvia farinacea Tagetes-Hybriden Tanacetum parthenium Zinnia angustifolia	Calceolaria integrifolia Convolvulus tricolor Cuphea ignea Dianthus chinensis Diascia vigilis Felicia amelloides Origanum vulgare Verbena-Hybriden	Centradenia Helichrysum petiolare Lobelia erinus Lobularia maritima Mentha suaveolens Sanvitalia procumbens Sutera diffusa Tropaeolum majus
	SCHWACHZEHRER	
Agrostemma githago Centaurea cyanus Helipterum roseum Nigella damascena Reseda odorata	Coleostephus carinatum Dyssodia tenuiloba Nemesia strumosa	Brachycome multifida Erigeron karvinskianus Phlox drummondii

FOLGENDE BALKONBLUMEN KÖNNEN GUT KOMBINIERT WERDEN:

Die Düngegaben richten sich immer nach dem »Schwächsten«. Stehen Mittelstarkzehrer und Starkzehrer zusammen, so richtet sich die Nähr-stoffzufuhr nach den Mittelstark-zehrern und alle werden sich im har-monischen Verhältnis entwickeln. Stehen Mittelstarkzehrer und Schwachzehrer zusammen, so rich-tet sich die Nährstoffzufuhr nach den Schwachzehrern.

Wichtig: Schwachzehrer und Stark-zehrer sollten nicht gemeinsam im gleichen Kasten stehen.

Herbstlicher Ausklang der Saison

Neigt sich nun die Pracht des Sommers dem Ende zu, so ist die Balkonsaison noch lange nicht vorbei. Einige sehr schöne warme Herbsttage, durchflutet vom gelb-roten Licht der schon flach stehenden Herbstsonne erwarten den Balkonbewohner.
Der Altweibersommer beginnt nun mit seinen milden Farben und taucht den Balkon in eine gemütliche Atmosphäre. Viele der Hochsommerblüher müssen nun gehen und Platz für die späten Gäste machen.
Abgeblühtes muß entfernt werden, und viele einjährige Sommerblumen landen auf dem Kompost oder in der Biotonne. Erika, Astern, Chrysanthemen, Greiskraut, Veronika und Zierkohl stehen schon in den Regalen der Blumenläden und warten auf ihren großen Einsatz. Mit ihren satten Farben verleihen sie dem Balkon noch für ein paar Wochen ein hübsches Herbstkleid. Die ersten herbstlichen Böen fegen über die Balkonkästen und rütteln an den Blüten. Die Gefahr, daß lange Stengel umknicken, ist nun am Größten.
Noch vor den ersten Frösten müssen einige Sommergäste eingewintert werden. Fuchsien und Kübelpflanzen kommen jetzt in ihr Winterquartier, Dahlien und Begonienknollen werden herausgenommen und für ihre Winterruhe vorbereitet.
Vergessen Sie nicht ihre Lieblingsblumen durch Stecklinge ins nächste Blütenjahr hinüber zu retten.
Wer den Frühling vorbereiten will, muß nun die Frühlingsboten aus dem Keller holen, in die Kästen setzen und gut für die Wintermonate einpacken.
Anfang November, wenn die ersten eiskalten Nächte den letzten Blütenflor dahingerafft haben, zeigen sich nur noch Zierkohl und Erika in herbstbunten Farben. Alle anderen verabschieden sich zum Winterschlaf. Jetzt ist noch einmal gärtnerische Arbeit notwendig, um die Pflanzenreste zu entfernen, Töpfe zu entleeren und die Gartenmöbel in den Keller zu räumen.
Wer sich allerdings die Wintermonate verschönern will, der läßt die Erde im Kasten und dekoriert sich einen Winterbalkon (siehe Seite 90).

Auf diesem herbstlichen Balkon stehen die Pflanzen noch in voller Blüte. Sommerastern, Herbstastern und Sonnenblumen verschönen die letzten warmen Tage.

Gehen Sie im Spätsommer über den
Wochenmarkt, so werden Sie
erstaunt sein, wie viele Farben und
Formen der Herbst noch zu bieten
hat. Die Natur hält extra für die
herbstliche Jahreszeit einige wunderschöne Pflanzenarten bereit, die erst
jetzt ihren Blütenhöhepunkt erreichen.
Als erste und wichtigste Gruppe sind
hier natürlich die Chrysanthemen,
auch Herbstastern genannt, zu nen-
nen, gefolgt von der einjährigen Topf-
heide, der mehrjährigen Besenheide
und nicht zuletzt den herrlichen Gräsern.
Im Spätsommer, wenn so manche
Sommerblume sich schon erschöpft
hat, erhält man auch noch die netten Sommerastern, die dann als
»Lückenbüßer« eingesetzt werden.
Und was wäre ein Herbst ohne die
Sonnenblumen, die jetzt auch im
Handel in Hülle und Fülle angeboten
werden.
Herbstpflanzen werden knospig
gekauft und wachsen auf dem Balkon kaum mehr weiter. Umtopfen
oder Einpflanzen in neue Erde ist
deshalb für diese kurzlebigen Blüher
nicht notwendig. Wichtig ist aber
unbedingt eine regelmäßige Wasserzufuhr, denn Herbstsonne und Winde trocknen die Erde in den Kästen
schnell wieder aus.
Ab Oktober müssen Sie mit den
ersten Frösten rechnen. Wenn Sie
die vollerblühten Herbstschönheiten
jeden Abend fleißig abdecken und so
vor Erfrierungen schützen, können
Sie den Blütenflor noch bis weit in
den November hinein genießen.
Durch Entfernen von verblühten
Teilen kann man die Blütezeit außerdem noch zusätzlich um einige Zeit
verlängern.

△ Hier lockt der Herbst mit bunten Farben. Diese Kombination ist besonders
deshalb gelungen, weil die kompakt
wachsenden Sommerblumen im Herbst
noch einmal einen Blütenhöhepunkt
erreichen. Voraussetzung für diese
zweite Blüte ist jedoch ein fleißiges Ausputzen abgeblühter Pflanzenteile den
ganzen Sommer über. Wie zwei Obelis-
ken ragen die beiden *Kochia* aus dem
Kasten heraus. Ihr sattes Grün hat sich
schon in dekoratives Rot verwandelt.
Auch wenn die Sonne an Kraft verliert,
muß noch regelmäßig gegossen werden.

▽ Die Hängepelargonie 'Feuercascade' und die kompaktwachsende Pelargonie 'Tavira' sind Dauerblüher und bleiben bis zu den ersten Frösten auf dem Balkon. In der Mitte stand bis vor kurzem noch der Ziertabak, doch seine Saison ist im August schon vorbei, und so wurde er kurzerhand gegen Sommerastern ausgetauscht. Die Blüten mit ihren Pastelltönen überdauern bis weit in den Herbst hinein und verleihen dem Kasten eine ruhige Ausstrahlung und Herbststimmung. Auch um diese Jahreszeit darf man bei den Pelargonien das Düngen nicht vergessen. Wollen Sie die eine oder andere Sorte ins nächste Jahr hinüberretten, so ist es höchste Zeit, durch Stecklinge für den Nachwuchs zu sorgen.

3 *Pelargonium* 'Tavira', 2 *Pelargonium* 'Feuercascade' (Pelargonie), 6 *Callistephus chinensis* (Sommeraster).

2 *Dahlia*-Hybriden 'Mignon' (Mignondahlie), 1 *Petunia*-Hybride (Petunie), 1 *Lobelia erinus* (Lobelie), 2 *Kochia scoparia (Sommerzypresse)*, 1 *Callistephus chinensis* (Sommeraster).

▽ Die niedrigen, gefüllten Sonnenblumen 'Teddybär' leuchten hier zusammen mit dem Salbei in der Abendsonne
um die Wette. Das Federborstengras im
Hintergrund lockert die steife Gesellschaft mit seiner beschwingten Art auf.
Die im Spätsommer gepflanzte Blumenpracht hält lange an, wenn noch reichlich gewässert und gedüngt wird. Das
Gras behält auch im Winter seine dekorative Wirkung. Es ist frosthart und
kann mit entsprechendem Ballenschutz
erfolgreich überwintert werden.

4 *Helianthus annuus* 'Teddybär'
(Sonnenblume), 4 *Salvia farinacea*
'Viktoria' (Salbei), 1 *Pennisetum
alopecuroides* (Federborstengras).

△ Wer im Spätsommer aus dem
Urlaub kommt, kann mit diesen hübschen Pflanzen noch einmal den Balkon dekorieren. In dem schlichten
Terrakottakasten wurden ausschließlich
Blattschmuckpflanzen verwendet, die
im Herbst ihren Höhepunkt erreichen
und bis in den Winter hinein ein überaus interessantes Bild präsentieren.
Links und rechts steht der farbenfrohe
Zierkohl in Burgundrot und Weißgrün.

▽ Wer Freude am Gestalten hat, dekoriert ein solches Herbst-Stilleben auf seinem Balkon. So kann man sich innerlich auf die neue Jahreszeit einstimmen. Dazu eignen sich besonders die Gartenchrysanthemen, die es in vielen gedeckten Violett- und Rottönen, aber auch in einem leuchtenden Gelb gibt. Auch der herbstliche Beerenschmuck der Blütensträucher darf nicht fehlen. Hier bildet die wintergrüne Strauchmispel mit ihren bogig überhängenden Trieben einen wunderschönen Rahmen.

Am Boden steht eine Schale mit Besen-Heide, die viele Monate blüht. Gräser und graulaubige Pflanzen machen das Stilleben vollkommen.

Pennisetum alopecuroides (Federborstengras), *Dendranthema coronaria* (Chrysantheme), *Santolina chamaecyparissus* (Heiligenkraut), *Cotoneaster-Watereri*-Hybriden 'Pendulus' (Strauchmispel), *Calluna vulgaris* (Besenheide), *Dahlia*-Hybride (Pompon-Dahlie)

Der üppige *Calocephalus* bildet ein feines Geflecht aus dünnen, silbrigen Trieben, die weit herabhängen. Das Greiskraut ragt mit seinen wolligen, weißgrauen Blättern hoch über den Kasten hinaus und hebt seine interessante feingeschlitzte Struktur schön gegen den dunklen Hintergrund ab.

3 *Brassica oleracea* (Zierkohl),
2 *Calocephalus brownii* (Schönkopf),
1 *Senecio bicolor* (Greiskraut).

HERBSTCHRYSANTHEMEN, WINTERASTER
Dendranthema coronaria

Wenn sich der Hochsommer dem Ende zuneigt stehen die Chrysanthemen hoch im Kurs. Sie stellen eine ideale Bepflanzung für den Ausklang des Balkonjahres dar und lassen sich in Kübeln und Kästen gut unterbringen. Man kauft sie voll ausgewachsen im knospigem Stadium und setzt sie in frische, humusreiche Blumenerde.
Für den Balkonkasten eignen sich kleinwüchsige Sorten. Es gibt kompakte Sorten mit großen und kleinen Blüten. Sehr beliebt sind auch die als Stämmchen gezogenen kleinblütigen Sorten, die man im Kübel auf den Boden des Balkons stellt. So entsteht noch im Altweibersommer ein kleiner Chrysanthemen-Garten auf dem Balkon.
STANDORT: Vollsonnig, da sie aber voll entwickelt gekauft werden, eignen sie sich für alle Standorte.
ERDE: Für Starkzehrer.
PFLEGE: Viel Wasser und Dünger.

Balkonstar im Herbst: Chrysantheme.

ÜBERWINTERUNG: Ist zwar möglich, aber nicht empfehlenswert, da die Blüte im folgenden Jahr sehr spärlich ausfällt.
IM KASTEN: Seite 85, 126.

SONNENBLUME
Helianthus annuus

Die Sonnenblume, die schon viele Poeten zu romantischen Versen angeregt hat, ist durch ihren riesigen Wuchs eigentlich nicht für den Balkonkasten geeignet. Wer aber nicht auf diese herrliche Herbstpflanze verzichten will, kann sie an einen windgeschützten Ort in einen Kübel setzen. Die goldgelben Strahlenblüten umschließen eine Vielzahl an fruchtbaren Röhrenblüten, aus denen sich später die bekannten Sonnenblumenkerne entwickeln.
Die Sonnenblume holt die Sonne auf den Balkon und strahlt Wärme und Licht aus. Für den Balkon gibt es viele Sorten, die ihre Blüten an kurzen Stielen tragen. Auch werden schon Sorten angeboten, die sich verzweigen und mehrere Blütenköpfe tragen. Eine besonders gut geeignete Sorte für den Balkon ist 'Teddybär' mit gefüllten Blüten.
Es gibt auch Züchtungen, die nicht mehr das typische Sonnengelb aufweisen, sondern rot-braune Blütenblätter bilden.
STANDORT: Sonnig und windgeschützt.
ERDE: Für Starkzehrer.
PFLEGE: Damit sie die riesigen Blütenköpfe auch gut ernähren kann, benötigt sie viel Wasser und Dünger.

Herbstlicher Gruß: die Sonnenblume.

Binden Sie auch die kürzeren Sonnenblumen an einen Stab oder an das Balkongeländer, um sie vor dem Umknicken zu schützen.
VERMEHRUNG: Die Vermehrung ist einfach, ab Mitte April werden die Samen direkt in den Kasten gesät. Nur die kräftigsten Pflänzchen dürfen bleiben, die schwachen werden ausgejätet. Ist mit Spätfrösten zu rechnen, so müssen die zarten Pflänzchen abgedeckt werden.
IM KASTEN: Seite 80, 84, 128.

SONNENHUT
Rudbeckia hirta

Der wunderschöne Sonnenhut ist eigentlich keine typische Balkonblume, sollte aber trotzdem nicht vergessen werden. Es gibt Sorten, die bis zu 1 m hoch werden, aber für den Balkon bieten sich die kompaktwachsenden an. Die beste Balkonsorte ist 'Marmalade', die leuchtend goldgelbe Blüten bildet und einen buschigen Wuchs hat. Sie wird etwa 50 cm hoch, ist standfest und eignet sich deshalb auch für den zugigen Balkon. 'Rustic' ist eine Mischung aus gelben und roten Farbnuancen und blüht bereits ab Juli. Ein typischer Sonnenhutvertreter ist 'Meine Freude'. Sie hat schöne große Korbblüten mit ca. 10 cm Durchmesser und erreicht eine Höhe von 60 cm. Am besten gibt man ihr einen eigenen Platz im Topf und stellt sie auf die Erde. Im Kasten wird es ihr schnell zu eng. Als Begleitpflanzen haben sich der *Ageratum, Delphinium, Salvia farinacea* und *Lobelia* bewährt.

STANDORT: Sonnig.

ERDE: Für Mittelstarkzehrer, durchlässig.

PFLEGE: Regelmäßige Wassergaben sind wichtig, da sie schnell schlappt. Verblühtes muß laufend entfernt werden.

VERMEHRUNG: Aussaat im April. Einzeln in einen Topf pikieren und nach den Eisheiligen auspflanzen.

Die goldgelbe Rudbeckie 'Marmalade'.

DAHLIE
Dahlia-Hybriden

Die wunderschönen Korbblütler kennt wohl jedermann. Eigentlich sind sie in den Bauerngärten zuhause, aber damit der Balkonbesitzer auf diese typische Bauernblume nicht verzichten muß, gibt es niedrigwachsende Sorten. Diese Sorten, auch Zwergmignondahlien genannt, erreichen etwa eine Höhe von 30 cm und fühlen sich in etwas größeren Balkonkästen sehr wohl.

Im Frühjahr sind die aus Samen gezogenen Pflanzen günstig vom Gärtner zu erwerben. Die Gewächshauspflanzen sind dann schon in Blüte, dadurch können sie gut farblich mit anderen Sommerblumen abgestimmt werden. Dahlien bieten eine ungeheure Farbenvielfalt. Die schnellwüchsigen Pflanzen mit ihren wagenradähnlichen Blüten haben Ende Juni ihren Blühhöhepunkt. Ab Anfang Juli etwa beginnen sie mit der Samenbildung, die bald ihre ganze Kraft raubt. Man darf mit dem Entfernen der Samenansätze nicht nachlässig sein, sonst ist es mit der Blütenpracht bald vorbei.

Die einfachblühenden Dahlien ziehen Bienen, Hummeln und Schmetterlinge mit ihrem Nektarreichtum an. Sind Sie aber ein Liebhaber der echten hochwachsenden Bauerngartendahlie, wie Balldahlie, Kaktusdahlie oder Pompondahlie, so setzen Sie diese einfach in einen größeren Topf. Hinter der Balkonbrüstung sind die Dahlien dann geschützt und der Wind kann sie nicht so leicht umwerfen.

STANDORT: Sonnig.

ERDE: Für Starkzehrer.

Hübsche, zierliche Mignondahlien.

PFLEGE: Verblühtes entfernen. Reichlich gießen.

VERMEHRUNG: Aussaat, Teilung.

ÜBERWINTERUNG: Zum Überwintern schneidet man nach dem ersten Frost das Kraut zurück und stellt den Topf mit den Knollen in den dunklen Keller. Großmutter mußte die Knollen noch aus der Beeterde nehmen und von der anhaftenden Erde säubern, da sie im feuchten Keller Schimmel angesetzt hätten. Doch die heute so trockenen Kellerräume würden den Knollen alle Feuchtigkeit entziehen und sie vollkommen vertrocknen lassen. Im nächsten Frühjahr würde dann der nötige Saft fehlen, um auszutreiben. Dahlien brauchen eine Zeitlang, um wieder »aufzutanken« und blühen deshalb erst spät.

Im nächsten Jahr nach den Eisheiligen werden sie aus dem dunklen Keller wieder auf den Balkon geholt.

IM KASTEN: Seite 82, 85, 114.

ERIKA
Erica gracilis

Nach dem Abräumen des Sommerflors, wenn sich alles auf den Winter
vorbereitet, hat die Erika ihre Haupt-
saison. Im November, so um Aller-
heiligen, wenn es draußen schon
kalt ist, bringt das schöne Rot der
Erika noch einmal etwas Farbe auf
den Balkon und läßt die Stimmung
steigen. Zusammen mit Chrysanthemen bildet sie ein schönes, blüh-
freudiges Duett. Beim ersten starken
Frost erfriert zwar die Pflanze, doch
ihre Blüten behalten noch bis Weihnachten ihre Farbe. Später kann der
Rauhreif noch die Blüten überziehen
und winterlichen Flair auf den Balkon zaubern.
STANDORT: Sonnig bis schattig, da die
Pflanze blühend gekauft wird.
Erde: Balkonblumenerde.

PFLEGE: Vor dem Einpflanzen werden
trockene Wurzelballen in ein mit
Wasser gefülltes Gefäß getaucht.
IM KASTEN: Seite 17.

ZIERKOHL
Brassica oleracea

Sicher ist Ihnen dieser buntgefärbte
Kohlkopf schon einmal auf dem
herbstlichen Wochenmarkt aufgefal-
len. Dieser schöne, bunte Kohl wandert nicht in den Kochtopf, sondern
in den Balkonkasten, wo er mit seinem farbenprächtigen Kleid Herbststimmung auf den Balkon bringt. Es
gibt ihn mit glatten, gewellten und

Zaubert Farbe auf den Balkon: Erika.

Dauerhafter Schmuck:
Zierkohl (unten rechts).

Die immergrüne Strauchveronika.

STRAUCHVERONIKA
Hebe-Andersonii-Hybriden

Eigentlich ist die Strauchveronika eine wertvolle immergrüne Kübelpflanze, die es lohnt zu überwintern. Dieser kompaktwachsende Strauch wird in seiner neuseeländischen Heimat 1 m hoch. Trotzdem werden sie als Herbstbepflanzung für den Wechselbalkon angeboten.

Im August bilden sich in den Blattachseln die Blütentrauben, die es in vielen Spielarten gibt. Es gibt Sorten mit weißen, roten, violetten und blau gefärbten Blüten. Einen ganzen Balkonkasten damit zu schmücken ist wohl etwas teuer, aber durchaus reizvoll. Besonders gut paßt sie um diese Jahreszeit zu dem silbrigen Greißkraut und der Erika.

STANDORT: Sonnig und geschützt.
ERDE: Für Schwachzehrer.
VERMEHRUNG: Über Kopfstecklinge im Sommer.
ÜBERWINTERUNG: Vor den ersten Frösten in einem hellen kühlen Raum (5 – 10° C).
IM KASTEN: Seite 106, 126.

BESENHEIDE
Calluna vulgaris

Die im Spätsommer überall auf den Märkten erhältliche Besenheide blüht bei richtiger Pflege bis weit in den Winter hinein. Sie zählt zu den Moorbeetpflanzen, die sauren Boden lieben. Sie ist ein mehrjähriges Gehölz und kann überwintert werden. Das Violett der Blüten läßt sich wunderbar mit den kräftigen Farben der Herbstchrysantheme kombinieren.

STANDORT: Sonnig bis halbschattig.
ERDE: Für Schwachzehrer, die Erde muß einen niedrigen pH-Wert besitzen, d.h. kalkarm und sauer sein (Moorbeeterde).
PFLEGE: Ausreichende Wasserversorgung möglichst mit kalkarmem Wasser. Auch im Winter nicht austrocknen lassen.
VERMEHRUNG: Durch Stecklinge.
ÜBERWINTERUNG: Kann auf dem Balkon im Topf überwintert werden. Schneiden Sie die Besenheide im Frühjahr zurück, so verzweigt sie sich und bekommt einen buschigeren Wuchs.
IM KASTEN: Seite 85, 126.

gekrausten Blättern. Manche erinnern an Wirsing, andere an Weißkohl. Zunächst unscheinbar, verfärbt sich der Zierkohl mit zunehmend sinkenden Temperaturen immer intensiver und zeigt sich in weißen, cremefarbenen, lila und rosa Tönen. Da er leichten Frost bis –10° C verträgt, behält er seine Farben bis weit in den Winter hinein. Erst im Frühjahr, wenn es wieder warm wird, verwelken die Blätter und er muß den Frühlingsboten weichen.

STANDORT: Überall, da er schon fertig gekauft wird.
ERDE: Humusreich.
PFLEGE: Reichlich düngen und wässern.
IM KASTEN: Seite 84, 126.

Wird immer üppiger: Besenheide.

So attraktiv kann der Winter sein

Der Balkon ist abgeräumt, die Stühle und Tische sind hochgeklappt, nun ist es für dieses Jahr endgültig vorbei mit der Balkonsaison.

Wer aber auch in den dunklen und grauen Wintermonaten nicht auf einen nackten Balkon schauen möchte, kann noch einmal aktiv werden und braucht auf einen Winterschmuck nicht zu verzichten.

Für den Wechselbalkon gibt es jetzt leider keine lebendigen Pflanzen mehr. Die Gärtnereien bieten nun aber alles, was man zum Dekorieren benötigt. Taxus-, Thuja-, Tannen-, Stechpalmen- und Buchszweige stehen zum Verkauf bereit. Dazu gibt es eine große Auswahl an Fruchtständen, die man sehr hübsch zwischen die Zweige stecken kann.

Sie können Ihren Kasten auch mit Beerenschmuckzweigen, wie sie die Natur bietet, dekorieren. Ilex-, Ebereschen-, Hagebutte-, Schlehen-, Cotoneaster- und Vogelbeerzweige sorgen für winterlich bunten Augenschmaus und dienen den Vögeln als notwendige Nahrungsquelle. Sind die Zweige schließlich abgefressen, so kann man auf die immergrünen Koniferenzweige zurückgreifen. Wer sich diese Freude machen will, der räumt im Herbst die Kästen und Schalen nicht leer, sondern schneidet das Kraut nur ab. Die gut durchwurzelte Erde bietet einen optimalen Halt für die Zweige und die Bodenfeuchtigkeit hält sie lange frisch.

Wer es noch etwas bunter liebt, der greift auf die vielen witterungsbeständigen Lackschleifen, Ketten und Bänder zurück.

Aber auch die winterfesten Tonfiguren und Kugeln wirken sehr schön zwischen all dem Wintergrün und beleben den Balkon.

Oft reicht auch nur ein Balkonkasten mit Winterschmuck, damit es etwas freundlicher auf dem Balkon aussieht. Kommt dann langsam die Weihnachtszeit, so läßt sich dieses Gesteck auch mit einer kleinen Lichterkette festlich kleiden. Arbeit macht dieser Balkonkasten nun bis zum Frühjahr nicht mehr. Er braucht nicht gegossen und selbstverständlich auch nicht gedüngt zu werden. Lehnen Sie sich nun nach einem blütenreichen Jahr ruhig zurück und genießen die stille Zeit bei einer Tasse Tee und einer leuchtenden Kerze.

Hier wurden Thuja-, Taxus- und Ilexzweige zu einer kleinen Hecke in den Kasten gesteckt. Er dient wunderschön als grüner Rahmen für die liebevoll gesteckten Fruchtstände. Disteln, Lotusfrucht und Rohrkolben sind wie mit Puderzucker überzogen und lassen winterliche Stimmung aufkommen.

Der Halb-schattenbalkon

Am häufigsten findet man wohl den halbschattigen Balkon vor. Üblicherweise zeigt er in östliche oder westliche Himmelsrichtung.

Im Osten geht die Sonne auf, deshalb ist die lichtstärkste Zeit auf dem Ostbalkon der Vormittag. Dagegen erreicht die Sonne den Westbalkon erst gegen Nachmittag, hat dann aber eine wesentlich stärkere Kraft. Westbalkone erhitzen sich deshalb viel stärker und sind für Fuchsien, Begonien und Fleißige Lieschen nicht geeignet. Auch örtliche Umstände können z.B. aus einer Südlage eine halbschattige Situation machen, wenn etwa ein hoher Baum den Balkon teilweise bedeckt

Auf der Innenseite des Balkongeländers herrscht eigentlich immer Halbschatten, selbst auf dem Südbalkon wenn der darüberliegende Balkon Schatten wirft. Bedenken Sie auch, daß ein Gebäude kalten Schatten wirft, dagegen die durch das Blätterdach eines Baumes eintreffende Sonne warmen, lichten Schatten bringt. Die Halbschattenbalkone sind es, die geschützt vor der prallen Mittagssonne ohne größeren Aufwand und Schutzvorkehrungen angenehme Bedingungen für Mensch und Pflanze bieten.

Auf dem Halbschattenbalkon gibt es unbegrenzte Möglichkeiten: Hier wachsen *Impatiens*, Fuchsien, Schönmalve und Hortensien und bieten einen Sitzplatz mit Blick ins Grüne.

Frühlingsblüher bringen Farbe

Auch auf dem Halbschattenbalkon gibt es einen fröhlichen Frühlingsbeginn. Es fehlt hier an nichts. Fast alle Frühlingsblüher fühlen sich hier wie zu Hause und der Start in die Balkonsaison kann beginnen. Die meisten Frühjahrsblumen, die für den Sonnenbalkon beschrieben sind, gedeihen auch im Halbschatten gut. Am besten sehen Sie deshalb im Porträtteil für den Sonnenbalkon nach und suchen sich ganz in Ruhe Ihre Lieblingsblumen heraus. Ihrem gärtnerischen Verlangen sind keine Grenzen gesetzt.

Diese freundliche Frühlingsgesellschaft bringt leuchtende Farben auf den Balkon, macht optimistisch und läßt die Vorfreude auf die Sommersaison steigen. Hyazinthen, Tellernarzissen, Krokus, Primeln und Blausternchen (in Weiß) sind vom Händler gekauft und schon Mitte März zu der dauerhaften Zwergweide gesetzt.

Narcissus 'Jack Snipe' und Tulpia 'Mr. v.d. Hoeff'.

Herrlich bunte Blütenvielfalt

Sie können sich glücklich schätzen, wenn Sie der Besitzer eines Balkons sind, auf dem halbschattige Lichtverhältnisse vorherrschen.
Außer einigen Ausnahmen läßt sich hier alles, was das Herz des Balkongärtners begehrt, verwirklichen. Die meisten Sommerblumen fühlen sich in der Sonne sowie auch im Halbschatten recht wohl. Manche Sommerblumen wie z.B. *Osteospermum, Heliotropium Pelargonium* usw. sind zwar Sonnenliebhaber, vertragen aber auch den Halbschatten gut. Sie entwickeln dort aber nicht ganz so viele Blüten und bilden dafür wesentlich mehr Blätter. Für viele Pflanzenkombinationen ist das ein Vorteil.

Auf diesem Balkon wird in einer stimmungsvollen Umgebung zum Tee geladen. Inmitten von leuchtendem Grün läßt es sich gut aushalten. Die Begonien sind zwar auch schattenverträglich, gedeihen aber noch viel besser im Halbschatten. Die Hängepelargonie tut sich in den bescheidenen Lichtverhältnissen mit der Blütenentwicklung zwar etwas schwer, bietet aber dennoch ein dekoratives Bild. Der Mottenkönig läßt von oben seine buntlaubigen Triebe herabhängen und bildet so einen Sichtschutz. Das Chinaschilf *Miscanthus sinensis* 'Silberfeder' läßt seine Blätter elegant überhängen. Es zeichnet sich vor allem durch die Bildung der Blütenähren aus, die schon im August erscheinen.

◁ Dieser Kasten hat sich nicht so entwickelt, wie ursprünglich geplant. Die Vanilleblumen sollten die Leitfunktion übernehmen und die Fleißigen Lieschen mit den Lobelien über dem Kastenrand hängen. Statt dessen sind die Lieschen aus Platzmangel nach oben gewachsen. Die Pflanzen stehen bunt durcheinander. Aber auch so ein »Wildes Durcheinander« wirkt sehr beschwingt. Nur die Lobelien sind noch polsterförmig, werden aber langsam von allen Seiten bedrängt.

4 *Impatiens walleriana* 'Ballerina Scharlach-Weiß' (Fleißiges Lieschen), 2 *Heliotropium arborescens* 'Marine' (Vanilleblume), 2 *Verbena*-Hybriden 'Showtime Bell' (Verbene), 4 *Lobelia erinus* 'Blaue Perle' (Lobelien), 2 *Tagetes patula nana* 'Yellow Jacket' (Studentenblume).

▷ Die kompaktwachsenden Margeriten bringen mit ihren Blüten Licht in den Halbschatten. Hier wurde mit den Komplementärfarben gespielt. Das Gelb der Margerite und das dunkle Blauviolett der Vanilleblume steigern sich in ihrer Wirkung. Die beiden Gänseblümchen in Hellblau und Gelb mildern diesen Effekt etwas ab. Trotz der relativ starken Düngergaben für die Margeriten und den Heliotrop haben sich die Gänseblümchen tapfer gehalten. Sind sie verblüht, wird die Lücke rasch durch die anderen üppigen Pflanzen geschlossen.

3 *Argyranthemum frutescens* 'Butterfly' (Margerite), 2 *Heliotropium arborescens* 'Mini Marine' (Vanilleblume), 3 *Brachycome multifida* 'Ultra' (Blaues Gänseblümchen), 2 *Sanvitalia procumbens* 'Sprite Yellow' (Husarenknöpfchen), 2 *Dyssodia tenuiloba* (Gelbes Gänseblümchen).

In dieser lustigen Gesellschaft über- nimmt ganz klar die Studentenblume die Führung und alle anderen müssen sich unterordnen. Flankiert wird die gelbe kleinblütige *Tagetes* von den duf- tenden Vanilleblumen, die mit ihrem dunklen Violett im klaren Kontrast zum Gelb der Studentenblume stehen und so deren Leuchtkraft verstärken. Die Pelar- gonie läßt elegant ihre Triebe über den Kastenrand hängen, muß sich in dieser

Pflanzkombination aber stark unterord- nen. Sie blüht zwar nicht so üppig wie man es von ihr gewohnt ist, aber trotz- dem bildet sie auch hier einen hüb- schen Blütenvorhang. Auch die Marge- riten entwickeln etwas weniger Blüten und die rot-weißen Löwenmäulchen schieben vorsichtig ihre Köpfe aus dem Blütenflor empor. Mit Ausnahme der Vanilleblume sind alle Pflanzen in diesem Kasten im Wasserbedarf genüg- sam. Für eine reichliche Blüte wird kontinuierlich mittelstark gedüngt. Allein die Vanilleblume wird von Ver- blühtem befreit und man muß gut dar- auf achten, daß sie nicht trocken steht.

3 *Tagetes tenuifolia* 'Lulu' (Studenten- blume), 2 *Pelargonium-Peltatum-* Hybriden 'Feuercascade' (Pelargonie), 2 *Heliotropium arborescens* 'Marine' (Vanilleblume), 2 *Caleostephus cari- natum* 'Kobold' (Zwergmargerite), 2 *Antirrhinum*-Hybriden (Löwen- mäulchen).

Ziertabak und Fächerblume sind hier optimale Partner. Der eine strebt mit den Blüten in die Höhe, der andere läßt seine Triebe zum Boden hinabhängen und das Fleißige Lieschen weiß noch nicht so recht, für welche Richtung es sich entschließen soll. In einem verregneten und sonnenarmen Sommer wird der Ziertabak seine Blütenpracht allerdings nach und nach einstellen und nur die Fächerblume sichert mit ihren unendlich nachschiebenden Blüten den Sommerflor noch bis weit in den Herbst hinein. Alle Pflanzen in diesem Kasten gehören zu den Balkonblumen mit sehr großem Wasserbedarf. Entsprechend groß ist auch der Gießaufwand im Sommer. Wenn keine automatische Bewäs-serung zur Verfügung steht, ist der Kasten im Halbschatten auf jeden Fall besser aufgehoben.

3 *Nicotiana* x *sanderae* 'Nicki Red' (Ziertabak), 4 *Impatiens walleriana* 'Impuls Scharlachrot' (Fleißiges Lieschen), 4 *Scaevola saligna* 'Blue Wonder' (Fächerblume).

◁ Mit Blüten rot wie Lavaglut leuchten die Begonien schon von weitem und dominieren über die kleinblütige Lobelie und das Leberbalsam. Die Verbenen können es schon eher mit ihnen aufnehmen und unterstützen die Wirkung der Begonien noch.

4 *Begonia*-Hybriden 'Nonstop Scharlach' (Begonie), 3 *Ageratum houstonianum* 'Hawaii' (Leberbalsam), 2 *Verbena tenera* 'Salome' (Hängeverbene), 4 *Lobelia erinus* 'Rosamunde' (Lobelie).

▷ Eine kunterbunte, lustige Mischung aus Balkonblumen unterschiedlichster Wuchsformen sind in diesem Holzkasten zusammengepflanzt. In der hinteren Reihe steht aufrechter Salbei zusammen mit der Fuchsie 'Swingtime'. In der Mitte ergießt sich das Meer der Blütensterne des Fleißigen Lieschens. Vorne stehen die überhängenden Fuchsien 'Red Spider' zusammen mit dem violetten Leberbalsam und den weißen Blütenwolken des Duftsteinrichs.

2 *Salvia farinacea* (Ziersalbei), 2 *Fuchsia* 'Swingtime' (Fuchsie), 1 *Impatiens walleriana* 'Bellizzy Rosa Stern' (Fleißiges Lieschen), 2 *Fuchsia* 'Red Spider' (Fuchsie), 2 *Ageratum houstonianum* 'Atlantic' (Leberbalsam), 2 *Lobularia maritima* 'Snow Chrystals' (Duftsteinrich).

◁ Um diesen Balkon mit den fröhlichen Sommerfarben wird man Sie beneiden. Der Heliotrop wurde als duftende Leitpflanze in den Hintergrund gesetzt, flankiert von zwei knallgelben Pantoffelblumen, die im starken Kontrast zu dem Dunkelviolett stehen. Die Fleißigen Lieschen mit ihren orangeroten Blüten leuchten aus dem Dickicht hervor und bilden einen Übergang zu den überhängenden Lobelien.

4 *Impatiens walleriana* 'Accent Orange' (Fleißiges Lieschen), 2 *Lobelia erinus* 'Saphir' (Lobelie), 2 *Calceolaria integrifolia* 'Goldari' (Pantoffelblume), 3 *Heliotropium arborescens* 'Marine' (Vanilleblume).

▷ Duftende Vanilleblumen und liebliche Zinnien sind die Leitpflanzen dieser Kombination. Einen hervorragenden Übergang zur Unterbepflanzung stellen die Zinnien her. Die über den Kasten hängenden Lobelien profitieren vom Halbschatten der anderen Pflanzen und gedeihen deshalb sehr gut. Lediglich die gelbe Margerite kommt in dieser Gesellschaft nicht optimal zum Zuge, sie wird von den anderen etwas verdrängt und überwuchert. Die Fleißigen Lieschen müssen ebenfalls mit etwas weniger Platz auskommen, werden dafür aber von den Zinnien vor zu viel Sonne geschützt.

4 *Heliotropium arborescens* 'Mini Marine' (Vanilleblume), 2 *Caleostephus carinatum* 'Kobold' (Margerite), 3 *Zinnia angustifolia* 'Classic' (Zinnie), 2 *Impatiens walleriana* 'Belizzy Rotstern' (Fleißiges Lieschen), 2 *Lobelia erinus* 'Blauteppich' (Lobelie).

Überquellende Blütenfülle beschert diese robuste Gesellschaft den ganzen Sommer lang. Dem Regen widerstehen die Fächerblume und die Sterntalerblume genauso gut wie einer vorübergehenden Hitzeperiode. Haben Sie einmal das Gießen vergessen und die Sterntalerblume läßt die Blätter hängen, so wird sie nach einem kräftigen Wasserguß schnell wieder zu neuem Leben erwachen.

3 *Argyranthemum frutescens* 'Vera' (Margerite), 2 *Heliotropium arborescens* 'Mini Marin' (Vanilleblume), 4 *Nierembergia hippomanica* 'Mont Blanc' (Nierembergie), 2 *Melampodium paludosum* 'Showstar' (Sterntalerblume), 2 *Scaevola saligna* 'Blue Wonder' (Fächerblume).

◁ Ein Balkonkasten wie aus dem Märchenbuch. Die sanft schillernden Farben dieser Sommerblumenkomposition erfreuen durch ihren zurückhaltenden, eleganten Charme. Die Begonien mit den zartrosafarbenen Blütenköpfen fühlen sich in dieser Gesellschaft sichtlich wohl. Der Duftsteinrich mit Blüten weiß wie Schneeflocken grenzt die Gesellschaft von den Seiten her ein. Die Verbene läßt ihre Triebe ganz beschwingt über den Kasten fallen und umschmeichelt den Duftsteinrich mit ihren hübschen Blüten.

4 *Begonia*-Hybriden 'Nonstop Hellrosa' (Begonie), 2 *Lobularia maritima* 'Snowdrift' (Duftsteinrich), 2 *Verbena tenera* 'Kleopatra' (Verbene), 2 *Lobelia erinus* 'Cambridge Blue' (Lobelie).

▷ In diesem kleinen, nur 60 cm langen Kasten wachsen unter den aufrechten Fuchsien *Nierembergia* und Kaskadenblumen weit über den Kastenrand hinaus. Auch die Chinesische Nelke bringt, trotz der beengten Verhältnisse, Blüten hervor. Da hier lauter Pflanzen mit gleichen Ansprüchen zusammen stehen, wird keine verdrängt, und zusammen erfreuen sie durch harmonisches Farbenspiel.

1 *Fuchsia*-Hybride 'Rosa Beacon', 'Beacon' und 'Deutsche Perle' (Fuchsie), 1 *Dianthus chinensis* 'Feuersturm' (Chinesische Nelke), 2 *Nierembergia hippomanica* (Nierembergie), 1 *Centradenia* 'Cascade' (Kaskadenblume).

Pflanzenkombinationen für den Halbschattenbalkon

Aufrechtwachsende	Halbhänger	Hänger
	STARKZEHRER	
Argyranthemum frutescens	Ageratum houstonianum	Pelargonium-Peltatum-Hybriden
Osteospermum ecklonis	Lysimachia nummularia	Plectranthus coleoides
Pelargonium-Zonale-Hybriden		Scaevola saligna
	MITTELSTARKZEHRER	
Antirrhinum majus	Begonia	Begonia
Begonia	Calceolaria integrifolia	Centradenia 'Cascade'
Fuchsia	Cuphea ignea	Fuchsia
Heliotropium arborescens	Diascia vigilis	Glechoma hederacea
Mimulus-Hybriden	Fuchsia	Helichrysum petiolare
Nicotiana x sanderae	Impatiens	Lobelia erinus
Salvia farinacea	Lamium maculatum	Lobularia maritima
Tagetes-Hybriden	Origanum vulgare	Monopsis lutea
		Mentha suaveolens
		Sutera diffusa
		Tropaeolum majus
	SCHWACHZEHRER	
Centaurea montana	Chrysanthemum carinatum	
Reseda odorata	Dyssodia tenuiloba	

BEPFLANZUNG EINES BALKONKASTENS:

In einem zweireihigen Kasten pflanzt man die aufrechtwachsenden Sommerblumen in den Hintergrund, die halbhängerden und hängenden werden abwechselnd in den Vordergrund gesetzt. Damit es keine strenge Abgrenzung von den aufrechtwachsenden und hängenden Sommerblumen gibt, dienen die Halbhänger als Bindeglied. Die Halbhänger lassen sich auch sehr schön alleine mit der Aufrechtwachsenden kombinieren.

In einem einreihigen Balkonkasten wird am besten im Wechsel nebeneinander gepflanzt; Aufrechte Halbhänger und Hänger.
Weitere Hinweise zu Pflanzenkombinationen: Seite 79.

FÜR DEN HALBSCHATTEN GEEIGNETE KLETTERPFLANZEN:

Aristolochia macrophylla
Clematis-Hybriden
Hedera helix
Lonicera
Phaseolus coccineus
Parthenocissus-Hybriden
Rhodochiton atrosanguineus
Tropaeolum peregrinum

Die warmen Farben des Herbstes

Auf dem halbschattigen Balkon erschöpfen sich zwar die Sommerblumen nicht so schnell, aber auch hier hat die Blütenpracht einmal ein Ende. Der Herbst naht und bringt nochmals einige hübsche Blütenimpressionen. Die Herbstblumen, die der Gärtner jetzt anbietet, sind schon ausgewachsen und brauchen nur noch ihren ganzen Blütenflor zu entfalten, um sich dann nach einigen Wochen völlig zu erschöpfen. Auch für den Halbschatten geeignete Herbstpflanzen finden Sie im Portraitteil im Sonnenbereich ab Seite 86.

Vom gelben Herbstlicht bestrahlt leuchten die Blätter des kletternden Baumwürgers und sorgen so für eine richtige Altweibersommer-Stimmung. Alle Sommerblumen sind schon verschwunden, nur die Ampel mit dem Goldfieber bildet noch tapfer bis in den späten Herbst hinein ihre hübschen, gelben Blüten. Der ganze Balkonkasten ist gefüllt mit Herbstblumen, die der Markt zu bieten hat. Die Pflanzen werden ausgewachsen und knospig gekauft und können so eng und raumfüllend in den Kasten gesetzt werden. Herbstchrysanthemen, Strauchveronika, Greiskraut und Federgras sorgen für einen farbenfrohen Anblick. Die dauerhaften Gräser befinden sich jetzt in ihrer Hochsaison und beleben die Atmosphäre durch ihre beschwingte Art. Von einem Spaziergang wurden noch Trockenfrüchte für die Tischdekoration mitgebracht.

Winterlicher Zauber

Weihnachten ist nicht mehr weit, der ganze Kastenschmuck verbreitet Festtagsfreude. An die rauhreifüberzogenen Tannen- und Taxuszweige wurden kleine Weihnachtskugeln gehängt und mit einer goldenen Lackschleife verziert. Ganz vorne im Kasten steht ein goldbesprühter Mispelzweig. Der Holzstuhl befindet sich ebenfalls in Winterruhe, denn jetzt wird sich wohl kaum einer auf den Balkon setzen wollen.

Haben Sie einmal keine Zeit, den Winterschmuck selbst zu dekorieren, so können Sie den Kasten auch zum Floristen bringen, der ihn kunstvoll arrangiert.

Auch im Winter bleiben die Balkonkästen nicht leer, sondern werden mit immergrünen Zweigen geschmückt.

Der Schattenbalkon

Ein Schattenbalkon muß kein Schattendasein führen, auch er kann seinen Reiz haben. Mit Farnen, Hortensien, Blattschmuckpflanzen, Gräsern, Fleißigen Lieschen und Fuchsien lassen sich ausdrucksvolle Pflanzungen schaffen.
An den Lichtverhältnissen auf dem Balkon kann man nun einmal nichts ändern, aber an der Atmosphäre. Auch auf dem schattigen Balkon kann man sich wohlfühlen und ein kleines grünes Paradies schaffen. Warum also nicht aus dem dunklen, tristen Nordbalkon eine grüne Oase machen?

Ausschließlich Knollenbegonien der Sorten 'Pin-Up' und 'Illumination' haben in diesem Kasten Platz gefunden. Es wurden nur Rosatöne ausgewählt, die ein harmonisches Ton-in-Ton Gesamtbild ergeben. Trotzdem ist diese Kreation nicht monoton, denn die Spannung ergibt sich aus dem völlig unterschiedlichen Wuchs- und Blütencharakter der Begonien. Wie aus Meißner Porzellan geformt erscheinen die einfach blühenden und aufrechtwachsenden Begonien 'Pin-Up' auf kräftigen Stengeln und erheben sich über die Hängebegonien.

Ein Ost- oder Westbalkon kann durch gegenüberliegende Gebäude oder durch dichten Baumbestand zu einem vollschattigen Platz werden. Auf dem nach Norden gerichteten Balkon herrschen von Natur aus schattige Verhältnisse. Im Sommer ist es oft auch ohne direkte Sonnenbestrahlung recht mild und angenehm an der frischen Luft. Der ideale Ort also, sich ein Plätzchen im Grünen zu schaffen. Bei solchen Lichtverhältnissen steht Ihnen zwar nicht eine so große Pflanzenvielfalt zur Verfügung, dafür aber die gleiche Farbvielfalt innerhalb weniger Pflanzengruppen.

Man muß bei den Pflanzen unterscheiden zwischen schattenliebenden und schattenverträglichen Arten. Es gibt durchaus einige Gewächse, die noch schattenverträglich sind, aber wenn sie wählen könnten, die Sonne bevorzugen würden. Schattenliebend sind dagegen die Blumen, die in der Sonne entweder nicht gut gedeihen oder aber zu schnell schlappen wie beispielsweise das Fleißige Lieschen oder die Fuchsien. Von Begonien, Fleißigen Lieschen und Fuchsien gibt es eine riesengroße Farbpalette. Innerhalb dieser Pflanzenarten läßt sich so manche bezaubernde Farbkombination zusammenstellen.

Der Schattenbalkon hat sogar einige Vorteile gegenüber sonnigen Lagen. Das Gießen wird hier nicht zum Streß, und die Blüten erschöpfen sich auch nicht so schnell.

Die größten Möglichkeiten auf dem Schattenbalkon bietet jedoch eine Dauerbepflanzung. Dazu gibt es allerlei Anregungen im Kapitel Dauerbalkon (Seite 154).

Dezente Blüten leuchten im Dämmerlicht

Auch auf dem Schattenbalkon ist die Freude an den ersten Blüten des Jahres groß.

Die schon ausgewachsenen und knospigen Frühlingsboten werden nun vom Gärtner geholt und in die Kästen gesetzt. Die Blüten brauchen hier allerdings einige Zeit länger bis zum völligen Aufblühen der Knospen, aber dafür hält die Freude auch viel länger als auf einem sonnenbestrahlten Platz. So kann dem Frühlingsflor übergangslos die Sommerbepflanzung folgen. Nach dem Verblühen werden die Zwiebeln einem dankbaren Gartenbesitzer geschenkt, denn zum Ausreifen der Zwiebeln reichen die Lichtverhältnisse hier nicht aus und man würde vergeblich auf eine erneute Blütenbildung warten. Die Porträts der Zwiebelblumen für den Schattenbalkon finden Sie ab Seite 20.

Hier scharen sich lieblich duftende Tazetten-Narzissen 'Minnow' um blaue Traubenhyazinthen. Das Gelb der Narzissen bringt die Frühlingssonne auf den Balkon und steht in starkem Kontrast zum Blau der Traubenhyazinthen.

Blütenzauber auch im Schatten

Schattenbalkone sind zwar nur im Hochsommer zum längeren Aufenthalt geeignet, sie ermöglichen aber besonders an den ›Hundstagen‹ eine erfrischende Abkühlung im Freien. Das Pflanzenangebot für den lichtarmen Balkon ist zwar nicht so vielfältig, deshalb muß der Balkon aber nicht eintönig und langweilig aussehen. Auch auf dem Schattenbalkon kann es überquellende Blumenkästen geben, man muß nur die richtigen Pflanzen auswählen. Echte schattenbedürftige Sommerblumen gibt es nicht, aber eine stattliche Anzahl an schattenverträglichen Blütenpflanzen.

Die drei großen Gruppen der dankbarsten Schattengewächse finden Sie auf den nächsten Seiten.

Auch auf diesem Balkon können Sie auf Tuchfühlung mit der Natur gehen. Im Kasten bringen Fleißiges Lieschen, Begonien und Fuchsien Licht auf den Sommersitz. Auf der Erde verweilen noch einige Fleißige Lieschen in verschiedenen Farben einzeln in den Kästen. Die als Hochstamm gezogene Rispen-Hortensie leuchtet weithin mit ihren weißen Blüten. Wenn der Balkon in Winterruhe geht, bleibt sie als einzige noch auf dem Balkon. Nur für einen Wurzelschutz muß gesorgt werden.

△ In diesem 60 cm-Kasten sorgen die Fleißigen Lieschen den ganzen Sommer über für eine dauerhafte Blütenfülle. Für diese Höchstleistung brauchen sie auch im lichtarmen Bereich regelmäßige Düngung. Links und rechts wurde jeweils eine *Impatiens walleriana* gepflanzt, die den Kasten schnell mit ihren Blüten und Blättern bedecken. Die Mitte krönt eine *Impatiens-Neu-Guinea*-Hybride, die mehr in die Höhe wächst. Nach unten läßt die Fuchsie ihre Blütenglocken wie Girlanden herabfallen.

> 2 *Impatiens-Walleriana*-Hybriden,
> 1 *Impatiens-Neu-Guinea*-Hybride,
> (Fleißiges Lieschen) 1 *Fuchsia* 'Pink Ballet-Girl' (Fuchsie).

▷ Viele Schattenpflanzen beleben den Balkon und setzen Akzente. Im Kasten steht in voller Pracht die Begonie 'Pin-Up'. Ihre Blüten können es an Schönheit und Eleganz ohne weiteres mit einer Orchidee aufnehmen. Die Fleißigen Lieschen blühen auch auf der Schattenseite emsig weiter. Die Kaktusdahlie wurde als fertige Pflanze dazugesetzt. Der Fuchsschwanz steht normalerweise im Zimmer, darf aber im Sommer an die frische Luft. Auf dem Boden stehen noch Fuchsien und Begonien.

> 2 *Begonia semperflorens*-Hybriden,
> 4 *Begonia*-Hybriden 'Pin up' (Begonie),
> 2 *Impatiens walleriana* (Fleißiges Lieschen), 2 *Dahlia*-Hybriden (Dahlie),
> 1 *Acalypha indica* (Fuchsschwanz),
> 1 *Fuchsia*-Hybride (Fuchsie), 1 *Aristolochia macrophylla* (Pfeifenwinde).

◁ Goldorange Knollenbegonien und orangerote Fleißige Lieschen bringen Wärme in den kühlen Schatten und sind ein weithin sichtbarer Blickfang. Die Knollenbegonien in der hinteren Reihe besitzen gefüllte und ungefüllte Blüten. Die lustigen weißgesternten Lieschen wurden vor die stehenden Begonien gepflanzt, damit sie sich ungehindert über den vorderen Kastenrand ausbreiten können. Um dem ungestümen Ausbreitungsdrang der Fleißigen Lieschen gerecht zu werden, dürfen sie nicht zu eng gepflanzt werden. Schnell übernehmen sie die Führungsrolle und verdrängen gerne andere Kastenmitbewohner. Die Lobelien, als seitlicher Abschluß gedacht, werden schon kräftig attackiert und die Gazanien in der Kastenmitte träumen von einem Sonnenbalkon, auf dem sie üppiger gedeihen würden.

△ Mit der Begonie 'Charisma Orange' können Sie ein orangerotes Blütenfeuer auf Ihrem Schattenbalkon entfachen, das schon von Weitem sichtbar ist. Eigentlich sind *Elatior*-Begonien typische Zimmerpflanzen, die den ganzen Sommer ununterbrochen blühen. Mit der Sorte 'Charisma Orange' gibt es jetzt auch eine balkontaugliche *Elatior*-Begonie. Sie sind weniger windbruchgefährdet und auch sonst unkomplizierter als Knollenbegonien, bilden aber keine Knolle und können deshalb nicht überwintert werden. Alle Begonien vertragen weder Nässe noch Trockenheit. Die Pflanzen müssen mäßig feucht gehalten werden.

5 *Begonia-Elatior*-Hybriden 'Charisma Orange' (Begonie).

4 *Begonia*-Hybriden 'Nonstop Goldorange' (Begonie), 2 *Lobelia erinus* 'Blue Moon' (Lobelie), 1 *Gazania*-Hybride 'Czardas Weiß' (Gazanie), 2 *Impatiens walleriana* 'Accent Orange Star' (Fleißiges Lieschen).

FLEISSIGES LIESCHEN
Impatiens walleriana

Früher wurde das Fleißige Lieschen ausschließlich als Zimmerpflanze gehalten. Die etwas staksig wirkende Pflanze galt als altmodisch und führte lange Zeit ein Schattendasein. Durch fleißige Züchtungsarbeit ist aus der Zimmerpflanze jedoch eine hervorragende, kompakt wachsende Balkonblume für den Halbschatten- und Schattenbereich geworden. *Impatiens* blüht sogar noch an den dunklen Orten, wo sonst fast nichts mehr blüht. *Impatiens walleriana* verfügt über eine derartige Farbenvielfalt, daß es möglich wäre, allein nur mit dieser Art einen kompletten Balkon zu gestalten. Als tropische Pflanze hat sie einen starken Wuchs. Damit sie sich optimal entfalten kann, benötigt sie mindestens 30 cm Abstand zur Nachbarpflanze. Noch schöner kommt sie in der Mischpflanzung mit anderen Sommerblumen zur Geltung. Wegen ihres starken Ausbreitungsdranges, darf man in eine Mischbepflanzung jedoch höchstens 2 Exemplare zusetzen. Schon nach wenigen Wochen ist sie dann eingewachsen und blüht ohne Pause bis in den Herbst. Gibt man ihr zu wenig Platz, so muß sie in die Höhe wachsen und bricht dann leicht ab. Setzt man einen kräftigen Partner hinter sie, so wächst sie nach vorne.
Sie hängt dann recht schön halb über dem Kastenrand. *Impatiens* dürfen nie nach hinten gesetzt werden, weil sie mit ihrer dominanten Art die vorderen Blumen unterdrücken oder sogar überwuchern. Gleichzeitig können sie infolge ihrer Anspruchslosig-

Gefüllte Blüten: *Impatiens* 'Rosette'.

keit auch für den Balkoneinsteiger sehr empfohlen werden. Das Erfolgserlebnis läßt da nicht lange auf sich warten. Ihre Farbpalette reicht von Weiß über Rosa, Rot, Violett bis hin zu zweifarbigen Blüten. Ihre Wuchsform ist leicht hängend. Sie kann deshalb auch gut als Ampelpflanze Verwendung finden. Ganz bezaubernd sind auch die gefüllten Sorten, die fast schon den Charme einer Rose aufweisen.
STANDORT: Halbschattig bis lichten Schatten.
ERDE: Für Mittelstarkzehrer.
PFLEGE: Sie liebt feucht-kühles Klima und ihre Blüten sind auch recht regenfest. Schnell läßt sie bei Trockenheit die Blätter hängen.
Gießen und eine kontinuierliche Düngung sind die Voraussetzung für eine prachtvolle Blüte. Der Dünger darf keinen zu hohen Stickstoffgehalt besitzen, da sonst die ganze Kraft in die Blätter statt in die Blüten

geht. Ist die Erde immer gut befeuchtet, so ist sie auch kaum anfällig für Schädlinge. Ein Ausputzen ist nicht notwendig, da sie eine gute Regenerationsfähigkeit besitzt.
VERMEHRUNG: Haben Sie Ihr Herz an eine ganz bestimmte Sorte verloren und wollen sichergehen, daß sie im nächsten Jahr garantiert wieder auf Ihrem Balkon blüht, so müssen Sie im Herbst beim Einräumen von der Lieblingssorte Stecklinge abschneiden. Die kleinen Stecklinge kommen dann ins Wasserglas bis sie reichlich Wurzeln gebildet haben. Dann werden sie eingetopft und an ein temperiertes (10 – 15° C) Zimmerfenster gestellt.
ÜBERWINTERUNG: Ist zwar möglich, aber nicht empfehlenswert.
IM KASTEN: Seite 10, 47, 51, 73, 92, 100, 101, 102, 109, 112, 114, 116, 179.

Für die Ampel geeignet:
das Fleißige Lieschen.

Impatiens-Neu-Guinea-Hybriden.

Impatiens-Neu-Guinea-Hybriden

Dieses Fleißige Lieschen unterscheidet sich von *Impatiens walleriana* durch seine größeren Blüten und die häufig grün-rot gefärbten Blätter sowie den straff aufrechten Wuchs. *Impatiens Neu-Guinea*-Hybriden sind sehr wärmebedürftig, und so hängt es im wesentlichen vom Wetter ab, wie sie sich entwickeln. Im warmen Sommer werden sie zu kleinen Sträuchern und sind über und über mit großen Blüten in brillanten Farben besetzt. Ist der Sommer naßkalt, treten sie in einen Wachstumsstreik. Aus der großen Sortenvielfalt eignen sich die kompakten Sorten für die Kastenbepflanzung, die höheren Sorten können sich schöner entfalten, wenn sie ihr dekoratives Laub nach allen Seiten ausstrecken können und allein stehen.

In gemischten Kästen ist sie die Leitpflanze. Eine schöne Abstufung erhält die Kombination, wenn Sie z.B. Hängefuchsien, Zigarettenblümchen oder ihre kleinere Verwandte (*Impatiens walleriana*) als Unterbepflanzung wählen.

STANDORT: Warmer, geschützter Halbschatten (ideal: Ostbalkon).

ERDE: Für Mittelstarkzehrer.

PFLEGE: Alle Fleißigen Lieschen sind sehr durstig. Regelmäßiges Gießen und Düngen ist Pflichtprogramm.

VERMEHRUNG: Stecklinge im Spätsommer oder Frühjahr. Aussaat im März.

ÜBERWINTERUNG: Nur als bewurzelte Stecklinge sinnvoll. Hell und mäßig warm (5° C) stellen.

IM KASTEN: Seite 114.

Kastenrand, so daß sie schön weit herunterhängen können. Sie wachsen aber auch zu prächtigen Ampelpflanzen heran.

STANDORT: In den kühlen Bergregionen Mittel- und Südamerikas beheimatet, wächst die Fuchsie am Naturstandort auf lockerem, humosen Boden im lichten Schatten von Bäumen. Mit Ausnahme der sonnenliebenden traubenblütigen Fuchsie (*Triphylla*-Hybriden) benötigen Fuch-

Fuchsia 'Swingtime' (oben) und 'Dark Eyes' (unten).

Fuchsia 'Viva Ireland'

FUCHSIE
Fuchsia-Hybriden

Von den Fuchsien kann man mit Fug und Recht sagen, daß sie zu den schönsten und dankbarsten Schattenblühern zählen. Sie sind die Stars auf dem Schattenbalkon mit ihren ungefüllten und gefüllten Blüten von Mai bis in den späten Herbst hinein. Nach ihrer Wuchsform lassen sich die Fuchsien in drei Gruppen einteilen:

1. Starkwachsende mit aufrechtem oder leicht überhängendem Wuchscharakter.
Sie eignen sich am besten für den größeren Balkon. Man kann sie her-vorragend zu Stämmchen ziehen. Da die Stämmchen mit ihren schweren Kronen sehr windbruchgefährdet sind, benötigen sie unbedingt eine gute Stütze.

2. Schwachwachsende mit aufrechtem Wuchs.
Diese Sorten eignen sich hervorragend für den kleinen Balkon und als Leitpflanzen in einer Kastenkombination.

3. Überhängende Sorten.
Pflanzen Sie diese Fuchsien an den

sien einen kühlen, halbschattigen bis schattigen Standort mit möglichst hoher Luftfeuchtigkeit. Sie eignet sich am besten für den Ost-, und Nord-balkon.

Kaufen Sie nie voll erblühte Fuch-sien, sondern möglichst junge Pflan-zen, die gerade im aufblühenden oder noch im knospigen Stadium sind.

ERDE: Für Mitte starkzeher.

PFLEGE: Um die Fuchsien bei Blühlau-ne zu halten, müssen sie regelmäßig mit Flüssigdünger gedüngt werden. Die Fuchsien lieben es als einzige Sommerblume abends mit der Gieß-kanne einen Regenschauer über die Blätter zu bekommen. Um eine Blühpause zu verhindern, ist es not-wendig, ständig die verwelkten Blü-ten abzuzupfen. Für einen Fuchsien-liebhaber ist dies natürlich keine Arbeit, sondern eine Freude. 'Casca-de' und 'Gesäuseperle' sind zwei Sorten, die trotz wenig Pflege zuver-lässig blühen. Fuchsien sind aller-dings anfällig für Blattläuse und Weiße Fliege, bei heißem, trockenem Wetter auch für Rote Spinne.

VERMEHRUNG: Stecklinge im August.

ÜBERWINTERUNG: In einem hellen und kühlen (5° C) Raum läßt sie sich mit Laub überwintern. Im dunklen Keller kann man sie auch überwintern. Sie verliert dann aber ihr gesamtes Laub und kommt im nächsten Jahr viel später zur Blüte. Im Frühjahr wird die Pflanze etwa um ein Drittel zurückgeschnitten. Der Ballen darf über Winter nicht ganz austrocknen. Gießen Sie aber nur sehr sparsam.

IM KASTEN: Seite 92, 101, 104, 112, 114, 164.

Fuchsienbalkon, umgeben von Grün-pflanzen.

KNOLLENBEGONIEN
Begonia-Hybriden

Mit den Knollenbegonien steht uns für den Schattenbereich eine große Gruppe an Balkonpflanzen mit einer großen Vielfalt an Formen und Farben zur Verfügung.

Der Markt bietet groß- und kleinblühende, gefüllte und ungefüllte, stehende und hängende Sorten, noch dazu viele Farbnuancen in den warmen Tönen Gelb, Orange, Rot und Rosa. Die Begonie wird durch ihre Blühfreudigkeit und Leuchtkraft von kaum einer anderen Pflanze überboten. Wer leuchtkräftige Farben liebt, ist bei den Begonien also an der richtigen Adresse. Aber auch für den Liebhaber der stillen Farben bietet das Begoniensortiment zarte Pastelltöne. Für Romantiker gibt es die ungefüllte, zart rosa blühende Sorte 'Pin Up', die sich durch ihre schlichte, aber wirkungsvolle Eleganz auszeichnet.

Die steifen Stengel der aufrechten Knollenbegonien sind leider ziemlich windbruchgefährdet. Sie eignen sich deshalb nicht für die windgepeitschte Wetterseite. Die Blüten aller Begonien sind dagegen auffallend regenfest. Die schweren Blüten ziehen die sonst aufrechtwachsenden Stengel stark nach unten, so daß sie leicht über den Kasten hängen. Eine Sondergruppe der Knollenbegonien stellen die Hängebegonien (*Begonia-Pendula*-Hybriden) dar, die mit ihren dünneren biegsamen Trieben stark über den Kastenrand hängen. Eine verbesserte Form der Hängebegonien ist die Girlandenbegonie 'Illumination Zartrosa'. Sie gilt als die beste Ampelbegonie.

STANDORT: Halbschatten bis Schatten.
ERDE: Für Mittelstarkzehrer.
PFLEGE: Regelmäßig gießen, die Erde darf nie austrocknen. Sie blüht von Mai bis in den Oktober.
VERMEHRUNG: Teilung der Knollen nach dem Antreiben im Frühjahr.
ÜBERWINTERUNG: Sollen die Begonienknollen überwintert werden, so muß man der Pflanze noch zur Ausreife Zeit bis in den späten Herbst geben.

In dieser Entwicklungsphase brauchen sie nun nur noch wenig Wasser. Sie werden aus der Erde genommen und im Keller, eingeschlagen in Zeitungspapier, trocken gelagert. Bei blühenden Knollenbegonien, die Sie vom Gärtner gekauft haben, handelt es sich meist um Sämlingsjungpflanzen. Wundern Sie sich also nicht, wenn diese Begonien noch keine großen Knollen entwickelt haben. Aber auch diese kleinen Knollen können natürlich überwintert werden, zeigen im nächsten Jahr jedoch keine so üppige Blüte. Die Knollen werden aber von Jahr zu Jahr größer.

Als Alternative können Sie eine große Knolle im Frühjahr kaufen und auf der Fensterbank bei 20°C vortreiben. Sind die Knollen sehr trocken, so werden sie vorher für

eine Stunde in lauwarmem Wasser eingeweicht. Die Knollen werden nun in die Erde gelegt, wobei beim Einsetzen darauf zu achten ist, daß die »Delle« (Austriebsstelle) nach oben schaut.

IM KASTEN: Seite 101, 104, 108, 112, 114, 116, 179.

ELATIOR-BEGONIE
Begonia-Eliator-Hybriden

Bei dieser Gruppe handelt es sich eigentlich um eine typische Zimmerpflanze. Mit Begonia 'Charisma' wurde eine Hybride gezüchtet, die sich hervorragend für den Balkon eignet. Die Pflanzen blühen in intensiven Orangetönen. Sie sind von kompaktem Wuchs und blühen unermüdlich den ganzen Sommer.

Im Gegensatz zu der Knollenbegonie bildet diese Gruppe keine Knollen aus und kann somit nicht überwintert werden. Steht sie zu lange trocken, so tritt leicht Mehltau auf.

IM KASTEN: Seite 96, 117.

Begonien blühen auch im Schatten unermüdlich (oben und links).

EISBEGONIE, IMMERBLÜHENDE BEGONIE
Begonia-Semperflorens-Hybriden

Die anspruchslosen Eisbegonien sind für die Sonne gleichermaßen wie für den Halbschatten geeignet. Es gibt Sorten mit hellem und mit dunklem Laub und weißen, rosaroten, orangefarbenen und roten Blüten. Diese aus Brasilien stammende Begonie wird etwa 15 cm hoch und ist sehr widerstandsfähig gegen Witterungseinflüsse. Die Blüten und Blätter glänzen wie mit Eis überzogen, weshalb sie wohl diesen Namen trägt. Gegen Frost ist sie aber sehr empfindlich und bekommt bei 0°C schon Schäden. Gut läßt sie sich mit Leberbalsam und weißen Zwergchrysanthemen kombinieren.

IM KASTEN: Seite 164, 179.

HORTENSIE
Hydrangea

Dieser aus Südostasien stammende Strauch mit den ballförmigen Blütenköpfen ist im ganzen Land sehr beliebt. Er ist sehr robust und blüht von Mai bis weit in den August hinein. Die Ballhortensie oder *Hydrangea macrophylla* kann 1 – 2 m hoch werden und hat einen ausladenden Wuchs. Vielerorts werden auch Hochstämmchen angeboten, die sich natürlich, da sie platzsparend sind, besonders für den Balkon eignen. Es gibt sie in vielen Farben von Weiß über Rosa und Rot bis hin zu Blau. Die Farbgebung ist auch noch abhängig vom Bodenmilieu, denn saure Erde läßt die Blüten überwiegend bläulich verfärben, während eine alkalische Erde eine rötliche Tönung erzeugt. Werden nun rosa blühende Hortensien mit Alaun gegossen (Fachgeschäft), so werden die Blüten langsam wieder blau. Nur die Farbe Weiß ist nicht über den pH-Wert zu beeinflussen. Die Blütenköpfe bezaubern mit einem schönen Farbenspiel zwischen den noch jungen und den älteren Blüten. Gerade diese Eigenschaft regt die Floristen an, hübsche Kränze daraus zu binden. Die Ballhortensie ist ein mehrjähriges Gehölz und sollte überwintert werden. Die *Hydrangea paniculata* 'Grandiflora' oder Rispen-Hortensie bringt große weiße Doldenrispen hervor. Mit dem Verblühen färben sie sich langsam rosa. Sie blüht erst ab Juli und auch nur bis August. Schön sind auch hier die Hochstämmchen.

STANDORT: Schattig und windgeschützt (Hochstämmchen sind gefährdet).

ERDE: Für Mittelstarkzehrer, saure Erde.

PFLEGE: Im Sommer hat sie hohen Wasserbedarf, verträgt aber keine Staunässe. Um Mehltau vorzubeugen, muß darauf geachtet werden, daß die Blätter nicht naß werden. Alle zwei Wochen düngen. In kalkhaltigem Substrat bekommt die Hortensie gelbe Blätter. Mehltauanfällig. Die Rispen-Hortensie bekommt leicht gelbe Blätter (Chlorose) wobei die Blattadern grün bleiben.

ÜBERWINTERUNG: Vor den ersten Frösten an einen kühlen Ort bringen. Steht sie dunkel, muß sie im März an einen hellen kühlen Ort gebracht werden, da sie früh mit dem Wachstum beginnt.

IM KASTEN: Seite 6, 93, 112.

Ein Dauerblüher: die Schönmalve.

SCHÖNMALVE
Abutilon-Hybriden

Mit ihren glockenförmigen Blüten zählt sie zu den bekanntesten und beliebtesten Zimmer- und Kübelpflanzen. Sie ist ein unermüdlich blühender Sommergast auf dem Balkon. Es gibt sie in vielen Farben wie Weiß, Gelb, Orange und Rot. Normalerweise sind die ahornähnlichen Blätter grün, doch es gibt auch buntlaubige Sorten. Die meisten Schönmalven wachsen in die Höhe und können bei Belieben auch leicht als Stämmchen gezogen werden. Nur *Abutilon megapotamicum* eignet sich ganz hervorragend als Ampelpflanze da sie einen hängenden Wuchs besitzt. Ihre Blüten sind etwas kleiner und laternenartig. Werden die Blätter gelb und fallen ab, so ist der Wurzelballen in der Hitze ausgetrocknet, was nicht passieren darf.

Elegant:
die Hortensie.

Eine besondere Eigenschaft der Schönmalve ist ihre Reinlichkeit, denn sie läßt die verblühten Teile auf die Erde fallen, die dann nur noch ab und an zusammengefegt werden müssen.

STANDORT: Halbschatten bis lichter Schatten. Die buntblättrigen Sorten vertragen bei guter Bewässerung auch die volle Sonne.

ERDE: Für Mittelstarkzehrer.

PFLEGE: Viel Gießen, Verblühtes fällt von alleine herunter.

VERMEHRUNG: Über Stecklinge im Frühjahr.

ÜBERWINTERUNG: Die Überwinterung ist ganz einfach, denn die Schönmalve kann ins warme Zimmer geholt werden, muß aber zuvor kräftig zurückgeschnitten werden. Nach einer kleinen Erholungspause blüht sie dann auch im Zimmer wieder weiter. So ist sie ein typischer Dauerblüher.

IM KASTEN: Seite 33, 93.

BUNTBLÄTTRIGE GUNDELREBE
Glechoma hederacea 'Variegata'

Die einheimische Wildform der Gundelrebe wächst bei uns auf humosen Böden und bildet blauviolette Blüten. Diese Zuchtform für den halbschattigen bis schattigen Balkon besitzt weiß-grün panaschierte, aromatische Blätter und wird als sogenannte Strukturpflanze eingesetzt. Was der Mottenkönig als Begleitpflanze für die Pelargonien in der Sonne, ist die *Glechoma* für Fleißige Lieschen und Fuchsien im Schatten. Sie bildet lange Triebe, die vom Kasten aus senkrecht nach unten wachsen. Wo die Blätter aus dem Stengel wachsen,

bilden sich bei Berührung mit der Erde schnell Wurzeln. Bei guter Düngung können die Ranken eine Länge von 2 m erreichen. Dann kann es passieren, daß sie bis zum darunterliegenden Nachbarbalkon hängen und sich in dessen Kästen festwurzeln! Eine wirklich nachbarschaftlich »verbindende« Balkonblume! Sehr schön wirkt sie auch allein als Ampelpflanze.

STANDORT: Halbschattig bis schattig.

ERDE: Für Mittelstarkzehrer.

PFLEGE: Wachstum richtet sich nach der Düngung und Wasserversorgung.

ÜBERWINTERUNG: Die winterharte Staude läßt sich auf dem Balkon problemlos überwintern. Für sehr rauhe Regionen empfiehlt sich ein Ballenschutz.

IM KASTEN: Seite 43.

Blattschmuckpflanze: die Gundelrebe.

Silbriges Laub: die Taubnessel.

TAUBNESSEL
Lamium maculatum
'White Nancy'

Diese aus England stammende weißbunte Form unserer einheimischen Taubnessel ist eine ideale Begleitpflanze für Fuchsien oder Begonien. Die winterharte silbrig belaubte Staude bedeckt schnell die Erde und wächst dann elegant über den Kastenrand. Der helle Blätterteppich gibt auch schattigen Balkonen einen freundlich heiteren Charakter. Im Sommer erscheinen schneeweiße Lippenblüten an aufrechten Stengeln, die die Pflanzung noch zusätzlich auflockern.

STANDORT: Halbschatten bis Schatten.

ERDE: Für Mittelstarkzehrer.

PFLEGE: Anspruchslos.

VERMEHRUNG: Stecklinge.

IM KASTEN: Seite 179.

Ein langer, goldener Herbst

Auf diesem Balkon zeigt sich der Herbst von seiner besten Seite. Alle Herbstblüher, die zu finden waren, wurden hier zusammengetragen. Im Kasten stehen Fuchsie und *Bacopa* noch in voller Blüte. Im Herbst gesellen sich Dahlien, Herbstchrysanthemen, Kissenastern und Zierkohl dazu, die als fertige Pflanzen entweder knospig oder leicht aufgeblüht gekauft werden.

Der Herbst auf dem Nordbalkon bleibt einige Tage länger leuchtend bunt, da die Blüten mangels Licht langsamer verblühen. Der Fuchsschwanz kommt vom Balkon direkt ins Zimmer, wo er die kalten Wintermonate überdauern kann. Nur der *Cotoneaster* und die Gräser bleiben im Winter allein zurück, wenn Mutter Natur sich unter der Schneedecke zurückzieht. Sie können im Topf mit einem Ballenschutz überwintert werden.

Hübsch einfach:
bepflanzte Obstkiste (rechts).

126

Dauerhafter Winterschmuck

Wenn die Blätter abgefallen sind, kann sich auch der Balkongärtner endlich zur wohlverdienten Winterruhe in seinen gemütlichen Sessel zurücklehnen. Ein spannendes, blütenreiches und naturnahes Jahr ist vorbei und jetzt darf man zufrieden zurückblicken. Wer aber trotzdem nicht den ganzen Winter auf traurige und verlassene Balkonkästen schauen will, der füllt sie mit floristischem Zauberwerk und dekorativem Zubehör. Von einem Spaziergang mitgebrachte Zweige und Fruchtstände werden hübsch angeordnet in den Kasten gesteckt und erfüllen bis zum Frühling noch ihren Sinn. Als kleine grüne Hecke stehen die Buchszweige hier im Hintergrund und bieten ein optimales Grün, damit die aus winterhartem Ton gebrannten Figuren schön zur Geltung kommen. Die Wurzeln wurden von einem Waldspaziergang mitgebracht und runden das Bild mit ihren bizarren Formen ab.

Balkonideen

Der Bauerngarten auf dem Balkon

Haben Sie Ihr Herz an den bäuerlichen Garten verloren, so verwirklichen Sie einfach einige Aspekte davon. In einem echten Bauerngarten gedeihen Gemüse, Kräuter und Obst in einem, gemeinsam mit vielen Sommerblumen. Gemüse und Kräuter bereichern den Speisezettel und die Sommerblumen dienen als Augenschmaus. Abwechslungsreicher und bunter als auf dem Bauernbalkon kann es kaum sein. Und in der Insektenwelt spricht es sich schnell herum, wo ein grünes und nektarreiches Fleckchen zu finden ist. Schmetterlinge, Bienen und Hummeln werden Ihnen schon recht bald einen Besuch abstatten.
Die typischen Sommerblumen für den Balkon sind Tagetes, Duftwicken und Ringelblumen.

Hier gedeiht alles in friedvollem Nebeneinander. Die Sonnenblumen sind nicht wegzudenken aus dem Bauerngarten. Selbstversorgung vom Balkon ist zwar etwas zuviel verlangt aber den einen oder anderen kulinarischen Genuß kann er schon bieten.

Frischkost aus dem Kasten

Die meisten Gemüsesorten benötigen wenigstens ein paar Stunden am Tag kräftige Sonne, wie es beim Halbschattenbalkon der Fall ist. Beginnen Sie aber nicht gleich mit den schwierigsten Gemüsesorten. Schnellen Erfolg haben Sie zum Beispiel mit Radieschen, Feuerbohnen, Gurken, Zwiebeln, Tomaten und Salat.

Mit einer Schneckeninvasion, die Ihnen alle Jungpflanzen niedermachen, brauchen Sie auf dem Balkon zum Glück nicht zu rechnen. Fast alle Gemüsesorten benötigen Gefäße mit mindestens 20–30 cm Tiefe. Außerdem haben die Züchter für den Balkongarten schon passende Gemüsesorten gezogen. Sie bleiben meist klein und bringen trotz-

Biogarten in zwei Etagen auf kleinstem Raum.

dem viele Früchte hervor. Besonders geeignet sind beispielsweise Cocktailtomaten, sie schmecken auch sehr lecker.

Auch Salate wachsen hervorragend in den Balkonkästen und werden erst kurz vor dem Verzehr geerntet, so bleiben sie bis zur letzten Minute knackig frisch. Empfehlenswert sind Pflücksalate, da die Blätter nach dem Abzupfen immer wieder nachwachsen. Sehr viel Nutzen bringen die Feuerbohnen. Sie verwandeln den Balkon in eine grüne Laube, bieten Sichtschutz, blühen in krätigem Rot und im Spätsommer hängen noch die vielen Hülsen herunter, die jung geerntet ein herrliches Gericht abgeben. Feuerbohnen werden Ende Mai an Ort und Stelle ausgesät.

Aus eigener Ernte: Gurken, Tomaten und Paprika neben Sommerblumen.

Ein Kräutergarten im Kleinformat

Für jeden, der gerne kulinarischen Genüssen frönt, sind frische Küchenkräuter eine unentbehrliche Geschmackskomponente vieler Gerichte. Ein sonniger Balkon ist ganz vortrefflich für die Kräuteranzucht geeignet.

Um ihr volles Aroma zu entfalten, brauchen sie jedoch unbedingt einen vollsonnigen geschützten Standort. Dort gedeihen auch schwierige Kräuter wie Basilikum, Bohnenkraut und Thymian, da sie viel Sonne und Wärme benötigen.

Platzsparend und bequem können die Töpfe auch auf Pflanzentreppen arrangiert werden. Selbst im Balkonkasten gedeihen die Kräuter dicht an dicht an einer windgeschützten Stelle prächtig.

Die aromatischen Blätter müssen geerntet werden, noch bevor die ganze Kraft in die Blüte verloren geht. Schneiden Sie das Kraut vor der Blüte ab und hängen Sie es an einen schattigen und luftigen Platz zum Trocknen verkehrt herum auf, so bleibt das Aroma für längere Zeit erhalten.

Für den **halbschattigen Balkon** eignen sich vor allem einheimische winterharte Kräuter wie Schnittlauch, Petersilie, Pimpinelle und Kerbel.

Auf dem **schattigen Balkon** können nur Kresse, Borretsch und Salate einen Platz erhalten.

Die meisten Kräuter zählen zu den Mittelstarkzehrern und benötigen normale Erde. Borretsch, Estragon und Liebstöckel sind Starkzehrer; Majoran, Origano, Rosmarin, Salbei, Thymian und Wermut bevorzugen magere Erde und sind Schwachzehrer.

Kräuterernte im Sommer sorgt für Genuß.

Obst auf dem Balkon

Wer gerne mal Beerenobst naschen will, der setzt Himbeeren, Erdbeeren, Heidelbeeren, Johannisbeeren und Brombeeren einfach in Kübel und Kästen. Die Ernte fällt hier zwar nicht ganz so reichlich aus wie im Garten, aber dafür können Sie die Früchte genauso frisch pflücken und für ein vitaminreiches Müsli reicht es allemal.

Diese kleinen Köstlichkeiten zergehen einfach auf der Zunge. Selbst Äpfel- und Birnenbäumchen gibt es schon extra für den Balkon. Sie sind schwachwüchsig und tragen trotzdem viele Früchte

Erdbeeren wachsen direkt von oben in den Mund. Unten: Brombeeren.

Rankende Blütenträume für den Sommer

Wer sich auf dem Balkon lebendige Wände aus Blüten und Blättern schaffen will und der Besitzer eines nur kleinen Balkons ist, der sollte zu den einjährigen Sommerkletterern greifen. Denn diese brauchen zum Winden, Schlingen und Ranken nicht so große Töpfe wie ihre dauerhaften Kletterkollegen und bilden meist reichlich Blüten den ganzen Sommer lang.

Die grünen Wände bieten einen Schutz vor leichten Winden und vor neugierigen Blicken.

Sehr reizvolle Kontraste entstehen, wenn Kletterpflanzung und Sommerblumen eine Gemeinschaft bilden. Nehmen Sie einen großen Container und pflanzen die Kletterpflanzen nach hinten und in den Vordergrund eine hübsche Sommerblumenkombination, so bildet der Kletterer einen farblich abgestimmten Hintergrund. Die meisten einjährigen Kletterer kommen aus dem Süden und benötigen hier, um richtig zu gedeihen, einen Balkon mit südlicher oder ostwestlicher Ausrichtung.

Wollen Sie einen blickdichten Sichtschutz haben, so müssen Sie Sternwinde, Feuerbohne oder Glockenrebe verwenden.

In dieser Laube aus einjährigen Kletterpflanzen fühlen sich Mensch und Tier so richtig wohl.

Ein besonders witziger Kletterer ist der Flaschenkürbis, der mit seinen großen Blättern bald die Wände bedeckt. Er ist förmlich ein Senkrechtstarter, der es bei entsprechender Topfgröße sogar schafft, noch die darüberliegenden Balkone mit Blättern zu versorgen. Im Herbst bilden sich dann die flaschenförmigen Zierkürbisfrüchte aus, die wie Keulen vom Balkon hängen. Hübsch wirken Kletterpflanzen auch, wenn sie einfach ein paar Bambusstäbe zeltförmig in den Topf stecken und sie daran hochranken lassen.

An windigen Orten benötigen die Kletterer als Starthilfe einen Windschutz aus Strohmatten oder Segeltuch, der wieder entfernt wird, sobald sie sich gut festgeklammert haben. Vergessen Sie nicht im Herbst ein paar Samen zu ernten für die Aussaat im nächsten Jahr.

Wenn dann die ersten Fröste kommen, ist es mit dem »Höhenflug« vorbei und die Triebe müssen alle entfernt werden.

Pflanzen für den Sichtschutz:
Wuchshöhe 2–3 Meter:
Cobaea scandens (Glockenrebe), *Quamoclit lobata* (Sternwinde), *Asarina erubescens* (Kletterndes Löwenmaul), *Phaseolus coccineus* (Feuerbohne)

Dekorative Kletterpflanzen:
Wuchshöhe 1–1,50 Meter:
Thunbergia alata (Schwarzäugige Susanne), *Lathyrus, Asarina barclaiana* (Kletterndes Löwenmaul)

WOHLRIECHENDE WICKE; DUFTWICKE
Lathyrus odoratus

Wer die angenehm duftende Wicke einmal auf dem Balkon hatte, wird begeistert sein und in keinem Jahr mehr auf sie verzichten wollen. Die Duftwicke blüht in allen Farben des Sommers, einfarbig in Weiß, Rosa, Rot und Violett, aber auch in zweifarbiger Spielart ist sie nicht weniger attraktiv. Die emsig kletternde Duftwicke reicht bis zu 2 m hin-

auf und kann so gut als duftender Sichtschutz verwendet werden. Allerdings muß sie in einem Topf auf den Boden gestellt werden, denn im Balkonkasten klettert sie zu weit empor.

Für den Balkonkasten bietet der Markt jedoch die Sorte 'Super Snoop', die ca. 40 cm lange Triebe bildet und keine Kletterhilfe benötigt. Nur 25 cm hoch wird die Sorte 'Little Sweetheart'-Prachtmischung.

STANDORT: Die schöne Italienerin liebt heiße Sonne, verträgt aber keine

kräftigen Winde. Eine besonders hinreißende Farbkombination bilden die rosablühenden Duftwicken zusammen mit der leuchtend hellblauen *Ipomoea*, der Prunk- oder Trichterwinde.

ERDE: Für Schwachzehrer.

PFLEGE: Sie braucht eine regelmäßige, aber schwachdosierte Düngung. Die Duftwicke ist sehr düngerempfindlich und bekommt schnell gelbe Blätter. Da sie humose, durchlässige Erde liebt, ist es ratsam, eine Drainage zu legen. Wegen Auftreten der sogenannten Bodenmüdigkeit muß die Erde jährlich ausgewechselt werden, wenn die Pflanze immer in dem gleichen Topf stehen soll. Stehen ihre Wurzeln zu lange in kaltem Wasser, so bekommt sie gelbe Blätter und stellt die Blütenbildung ein.

VERMEHRUNG: Ab Mai kann sie direkt in den Kasten ausgesät werden, da sie nicht frostempfindlich reagiert. Der Samen wird einzeln 2 cm tief und in einem Abstand von 5–10 cm gelegt.

PRUNKWINDE, TRICHTERWINDE
Ipomoea

Diese überaus robusten und kletterfreundlichen Winden öffnen jeden Morgen ihre farbenprächtigen Trichterblüten aufs Neue. Jede einzelne Blüte besitzt imponierende Leuchtkraft. Sie sind die optimalen Kletterpflanzen für den Ostbalkon. Wer sich an dem Farbenspiel der Prunkwinde erfreuen will, muß ein

Duftwicke und Trichterwinde.

Frühaufsteher sein, denn sie öffnet ihre Blüten schon in der Morgenstunden. Zur Mittagszeit welken sie, aber am nächsten Morgen sind schon wieder neue Blüten da. Eine auffallend schöne Sorte ist 'Himmelblau' mit stahlblau leuchtenden Trichterblüten. *Ipomoea purpurea* besitzt herzförmige Blätter und bildet Blüten in Rot-, Violett und Blautönen. Eine nahe Verwandte, *Pharbitis acuminata* erkennt man an den dreilappigen Blättern. Sie öffnet jeden Morgen dunkelblaue große Trichterblüten, die in Büscheln zusammenstehen. Sie kann nur über Stecklinge vermehrt werden.

Bieten Sie der Winden als Kletterhilfe ein Rankgerüst aus dünnen Bambusstäben oder Weidentrieben, an denen sie sich bequem emporwinden können.

STANDORT: Sonnig, aber windgeschützt.
ERDE: Für Mittelstarkzehrer.
PFLEGE: Anspruchslos.
VERMEHRUNG: Aussaat. Ab März kann die Prunkwinde sehr leicht aus Samen gezogen werden. Die harten Samenschalen müssen vorher in warmem Wasser vorgequollen werden. Sie können nach den Eisheiligen an Ort und Stelle ausgesät werden.

Blüten der Passionsfrucht.

PASSIONSFRUCHT
Passiflora-Hybriden

Die Passionsfrucht wurde im 17. Jahrhundert von Mönchen aus den Regenwäldern Brasiliens mit nach Europa gebracht. Sie sahen in der Blüte Symbole für das Leiden Jesu und nannten sie deshalb Passiflora (passio = Leiden, flor = Blüten). Am häufigsten sieht man bei uns die *Passiflora caerulea*, die im Winter als Zimmerpflanze für das Südfenster angeboten wird. Diesen kräftigen Kletterer sollte man im Frühling befreien und in einen großen Kübel setzen, damit er an einem Rankgerüst die warme Hauswand emporklettern kann. Die Blüten erscheinen dann vom Frühjahr bis in den Herbst hinein.

STANDORT: Sonnig.
ERDE: Für Starkzehrer.
PFLEGE: Regelmäßige Dünger- und Wassergaben sind notwendig, sie verträgt keine Staunässe.
VERMEHRUNG: Stecklinge. Schneller geht es, wenn man sie im Frühjahr als Zimmerpflanze kauft.
ÜBERWINTERUNG: In milden Gegenden ist eine Überwinterung auf dem Balkon möglich, wenn man die Ranken vom Spalier nimmt, gut zusammenrollt und einpackt und einen Ballenschutz bietet. Ansonsten überdauert die Pflanze im kühlen Keller.

Schneller Sichtschutz: Sternwinde.

STERNWINDE
Quamoclit lobata

Wenn Sie einen schnellen Sichtschutz für den Sommer brauchen, ist die Sternwinde die geeignete Kletterpflanze. Besonders auffällig ist jedoch ihr Blütenstand. Die Knospen sind zunächst knallig rot, wechseln dann ihre Farbe in Orange und nach dem Aufblühen in ein helles Gelb. Die Sternwinde besitzt eine ungeheure Wuchskraft. In warmen Sommern erreicht sie spielend 4–5 m Höhe und ist deshalb eine der besten einjährigen Sichtschutzpflanzen. Für diese Wuchsleistung

benötigt die Pflanze ein großes Gefäß und ein Rankgerüst, das sie leicht umschlingen kann.

STANDORT: Sonnig und windgeschützt.
ERDE: Für Mittelstarkzehrer, humose, lockere und mineralstoffreiche Erde (Sand beimischen), Drainage legen ist ratsam.

PFLEGE: Regelmäßig gießen. Verträgt keine Staunässe.
VERMEHRUNG: Aussaat von März bis Mai auf der Fensterbank.

Dekorativer Kletterer: Die Schwarzäugige Susanne.

SCHWARZÄUGIGE SUSANNE
Thunbergia alata

Die Schwarzäugige Susanne besitzt keine Ranken, mit denen sie sich emporziehen kann. Sollen Rankgerüste begrünt werden. müssen Sie ihre Triebe immer wieder aufbinden. Im Juni zeigen sich ihre typisch leuchtend gelben Blüten, die ein trichterförmiges, tiefschwarzes »Auge« in der Mitte besitzen. Besonders dankbar wächst sie an einer weißen oder wärmespeichernden Wand. Auch die grauen Hauswände können so lebendige Farbe bekommen. Die Schwarzäugige Susanne gibt es auch mit weißen Blütenblättern und einem ebenso schwarzen Schlund. Hübsch schaut es aus, wenn beide Sorten in einem Kasten zusammenwachsen können. Schön kann sie auch als Ampelpflanze wirken.

STANDORT: Vollsonnig und windgeschützt.
ERDE: Für Mittelstarkzehrer, benötigt kalkhaltiges nährstoffreiches Substrat.
PFLEGE: Regelmäßig gießen. Soll sie sich als Jungpflanze stärker verzweigen, so müssen sie die Triebe einmalig stutzen.
VERMEHRUNG: Aussaat Ende März.

FEUERBOHNE
Phaseolus coccineus

Die Feuerbohne ist ein rasanter Kletterer und verwandelt den Balkon schnell in eine Laube. Sie ist sowohl eine Zier- als auch eine Nutzpflanze. Geben Sie ihr eine Rankhilfe aus Draht oder Schnur, damit sie sich daran hochziehen kann.

Schön und nützlich: die Feuerbohne.

Ihre scharlachroten Schmetterlings-
blüten öffnen sich sehr reichlich. Aus
ihnen entwickeln sich im Juli zahl-
reiche Bohnen, die sich zu einem
hervorragenden Bohnengericht ver-
arbeiten lassen. Auch im Kübel kann
sie bis zu 3 m. in die Höhe klettern
und genauso große Ernte bescheren
wie im Garten.
STANDORT: Sonnig bis halbschattig.
ERDE: Starkzehrer.
PFLEGE: Ausreichende Wasserversorgung während der Blüte. Steht sie
zulange trocken, so fallen die Blätter
ab. Beim Leiten der Triebe sollten Sie
daran denken das die Bohne ein
»Linkswinder« ist.
VERMEHRUNG: Aussaat direkt Ende
Mai bis Anfang Juli in die Kästen.
ÜBERWINTERUNG: Lassen Sie einige
Schoten ausreifen und säen Sie die
Samen im Frühling wieder aus.

Cobaea hat im Herbst rotes Laub.

GLOCKENREBE
Cobaea scandens

Mit ihrer Wuchskraft überzieht sie
innerhalb kurzer Zeit Wände und
Spaliere. Ende Juli beginnt sie mit
der Blütenbildung, die dann bis zum
Herbst ununterbrochen anhält. Im
Herbst färben sich ihre Blätter dun-
kelrot.
STANDORT: Warm und geschützt.
ERDE: Für Mittelstarkzehrer, humos
und durchlässig.
PFLEGE: Soll die Glockenrebe zu
undurchsichtigen Wänden heranwachsen, muß das Pflanzengefäß
entsprechend groß gewählt werden.
Die Triebe müssen am Spalier hoch-
geleitet werden. Anfangs mittlere
Düngerzufuhr, ab Juli reduzieren.
VERMEHRUNG: Im März auf der Fensterbank. Glockenreben sind kälte-
empfindlich und müssen langsam an
die Freilandbedingungen gewöhnt
werden. Stellen Sie die Töpfe an
frostfreien Tagen ins Freie und holen
Sie diese abends wieder herein. Sie
dürfen erst Ende Mai endgültig nach
draußen.

Das Kletternde Löwenmaul.

KLETTERNDES LÖWENMAUL
Asarina barclaiana

Die aus Mexiko stammende *Asarina*
ist bei uns eine einjährige Kletterpflanze, die hübsche blaue, rote und
violette Blüten hervorbringt. In nur
einer Saison wird sie im Kübel
1–1,5 m hoch und bildet ein dichtes
Blätterkleid als Sichtschutz eignet sie
sich nicht so gut, als Ampel sieht
sie jedoch sehr dekorativ aus. Einen
besseren Sichtschutz bietet ihre
großblütige Schwester, *Asarina
erubescens*, die mit ihren großen
Blättern sehr schnell die Wände bedeckt und einen guten Sichtschutz
bildet.
STANDORT: Sonnig und geschützt.
ERDE: Für Mittelstarkzehrer.
PFLEGE: Anspruchslos.
VERMEHRUNG: Aussaat auf der Fensterbank im März.

Ein hängendes Duftgärtchen.

Ein Potpourri für Genießer: Duftpflanzen

Der Traum, sich mit Wohlgerüchen zu umgeben, kann selbst auf dem kleinsten Balkon zur Wirklichkeit werden. Durch die Anzucht von Pflanzen mit duftenden Blüten und Blättern läßt sich der Balkon ganz leicht um eine völlig neue Dimension erweitern. Lassen Sie sich in das Reich der Pflanzendüfte führen und von ihnen verzaubern. Der Duft der meisten Blütenpflanzen entfaltet sich am stärksten, wenn sich der Tag neigt und die Zeit der Entspannung beginnt. Durch den Duft der Blüten werden nicht nur die Menschen angezogen, sondern auch die Insektenwelt kann nicht widerstehen und Schmetterlinge, Bienen, Hummeln und Nachtfalter werden Ihren Balkon besuchen.

Die frisch duftenden Zierorangenblüten haben sich schon in zierliche Früchte verwandelt. Jetzt haben Lilien, Lavendel und die Kräuter ihren großen Auftritt und verbreiten ihr Aroma über den ganzen Balkon.

Mit duftenden Blüten und Blättern durchs Jahr:

Frühling:

Cheiranthus cheiri
Clematis
Convallaria majalis
Galanthus nivalis
Hyacinthus orientalis
Iris reticulata
Lonicera caprifolium
Narzissus-Hybriden
Viola odorata

Sommer bis Herbst:

Chamaemelum nobile
Citrus
Datura suaveolens
Dianthus caryophyllus
Heliotropium
Lavandula
Lathyrus odorata
Lilium-Hybriden
Matthiola incana
Mentha x *piperita*
Mirabilis jalapa
Myrtus communis
Nerium oleander
Pelargonium
Petunia-Hybriden
Plectranthus coleoides
Reseda odorata
Rosa-Hybriden
Rosmarinus officinalis
Salvia sclarea
Solanum rantonnetii
Tanacetum parthenium
Thymus x *citriodorus*
Thymus serpyllum
Tropaeolum majus

WUNDERBLUME
Mirabilis jalapa

Diese wunderbar zart duftende, buschig wachsende Blume wird in England liebevoll »Four o´clock plant« genannt, weil sie ihre Blüten erst gegen vier Uhr nachmittags öffnet. Gerade rechtzeitig, wenn die Luftfeuchtigkeit steigt, strömt sie ihren starken fruchtigen Duft aus, um viele Nachtfalter anzulocken. So wird sie zu einer richtigen »Feierabend-

pflanze« für den Balkonbesitzer. Durch ihren buschigen, etwa 50 cm hohen Wuchs kann eine einzige Pflanze schon den halben Kasten ausfüllen, weshalb sie am besten einen Einzelplatz im Topf bekommt. Das Besondere an dieser Pflanze ist, daß es von Natur aus Exemplare mit weißen, gelben, rosaroten oder roten Blüten gibt. Es kann auch passieren, daß an ein und derselben Pflanze unterschiedliche Blütenfarben erscheinen. Sammeln Sie im Som-

Blühen nachmittags: Wunderblumen.

mer die entstandenen Samen ein, damit Sie im nächsten Frühjahr diese liebliche Duftpflanze wieder aussäen können.

STANDORT: Vollsonnig.

ERDE: Für Mittelstarkzehrer.

PFLEGE: Sie hat einen normalen Wasserbedarf und braucht regelmäßige Düngergaben.

VERMEHRUNG: Im April aussäen.

LEVKOJE
Matthiola incana

Die Levkoje ist vielen Gartenfreunden durch ihren betörenden Duft bekannt.

Besonders die ungefüllten Sorten duften intensiv. Am stärksten riechen sie in den Abendstunden – gerade rechtzeitig zum Feierabend. Für den Balkon sind die Sorten mit gefüllten Blüten am vorteilhaftesten, denn sie setzen nicht so schnell Samen an und blühen deshalb länger. Es gibt sie in vielen romantischen Pastelltönen von Cremeweiß bis zu Purpurviolett.

Im Saatgut für gefüllte Levkojen ist immer noch ein gewisser Anteil an Samen von ungefüllten vorhanden. Sie können diese im Jungstadium an ihren dunklen Blättern erkennen und gegebenenfalls ausjäten. Auch in der Vase halten die Levkojen erstaunlich lange, bis zu zwei Wochen erfüllen sie den ganzen Raum mit ihrem betörenden Duft.

STANDORT: Sonnig.

ERDE: Für Mittelstarkzehrer.

PFLEGE: Regelmäßig düngen und gießen.

VERMEHRUNG: Aussaat im März/April auf der Fensterbank.

Intensiv duftende Levkojen.

GARTENRESEDE
Reseda odorata

Die unscheinbare, lange in Vergessenheit geratene Gartenresede, hat auf dem Duftbalkon ihren festen Platz eingenommen. Mit ihrem überhängenden Wuchs eignet sie sich sehr gut als Unterbepflanzung im Kasten. Eine harmonische Duftergänzung ist die Sommer-Levkoje, mit der sie in einen Kasten gesetzt wird. Auch als Untermieter einer Duftrose macht sie sich sehr gut. Eine bekannte Sorte ist die 'Grandiflorum' mit weißen Blüten und roten Staubbeuteln. Ihre unscheinbar grünlichgelben Blütentrauben verströmen einen angenehm veilchenartigen Wohlgeruch, der Sie immer wieder in ihren Bann ziehen wird. Gerade auf dem Balkon kommt die *Reseda* so richtig zu Ehren, da man sie dort in Höhe der Nase plazieren kann. Über Geschmack läßt sich ja bekanntlich streiten, über diesen Wohlgeruch sind sich aber wohl alle

einig. Auch die Bienen lieben die duftenden Blüten und werden dem Balkon einen Besuch abstatten. Für jede Berührung der Blüten bedankt sie sich mit einem Schwall ihres fruchtigen Duftes. Am Abend verbreitet sich der Duft dann von ganz alleine. Auch in der Vase hält sie sich einige Tage und kann so den ganzen Raum erfüllen.

STANDORT: Sonnig bis halbschattig.

ERDE: Für Schwachzehrer, lehmige Erde.

PFLEGE: Entspitzen Sie die Jungpflanze, so erhält sie einen buschigeren Wuchs. Sie liebt es nicht zu feucht, den in ihrer Heimat (Nordafrika) wächst sie in Felsspalten und grasigen Abhängen.

VERMEHRUNG: Direktaussaat ist möglich, jedoch nicht immer erfolgreich. Besser ist eine Aussaat in kleinen Töpfen.

Bietet Veilchenduft: Gartenresede.

Ein Balkon für Nachwuchsgärtner

Geben Sie Ihren Kindern auch in der Stadt die Möglichkeit, unmittelbar mit der Natur in Kontakt zu treten. Wo die Tomaten herkommen, kann das Kind dann in diesem Jahr selbst erleben. Im Garten gibt man den lieben Kleinen meist eine eigene Ecke, in der sie ihren »grünen Daumen« ausprobieren dürfen. Auf dem Balkon erhalten sie entsprechend einen eigenen Balkonkasten. Da die Kinder immer mit allen Sinnen dabei sein wollen, holt man am besten Pflanzen, die schnell wachsen, schön bunt aussehen und außerdem robust sind. Die Studentenblume und die Zinnie gehören z.B. zu dieser Gruppe. Hier kann auch ohne Sorgen ein Blumenstrauß gepflückt werden, ohne daß die Pracht gleich vorbei ist. Damit auch der Geruchssinn angesprochen wird, dürfen Duftwicken und Wunderblume in den Kästen nicht fehlen. Für ein schattiges Indianerzelt benötigt man eine Kiste, die mit Erde gefüllt wird. In jede Ecke setzt man eine lange Holzstange und bindet sie oben zusammen. Nun werden schnellwachsende Sommerkletterer an jede Stange gesetzt, beispielsweise Feuerbohnen, die sich dann hochschlingen, und nach einigen Wochen schon ist das Zelt fast zugewachsen.

Für die etwas größeren Kinder kann man auch ein paar Cocktailtomaten in die Kästen setzen, die schmecken besonders süß. Bei den kleinen Schleckmäulern stehen natürlich auch Erdbeeren hoch im Kurs. Sie gedeihen überall. Je nach Sorte können sie an Spaliere hochgebunden werden, oder man läßt ihre Früchte über den Kastenrand hängen oder sie schweben von der Decke herab als Ampel. Die Natur hat auch einiges für ungeduldige Kinder parat. Die Gartenkresse und das Radieschen eignen sich hervorragend zum Experimentieren mit der Natur.

Eine richtige »Blumenmama« sorgt schon dafür, daß ihre Kinder genügend zu trinken bekommen. Die Blauen Gänseblümchen nehmen zu viel Fürsorge aber schnell übel, denn zuviel Wasser läßt sie »ertrinken« und die Blätter färben sich dann gelb.

Schon zwei Tage nach der Aussaat sprießen die ersten grünen Keimblättchen. Einige Tage später kann die Vitamin C-haltige Kresse auf dem Butterbrot verzehrt werden.
Lustig ist auch ein Kürbis, der in einen großen Kübel gesetzt wird und dort ganz unkompliziert gedeiht. Im Herbst kann man ihn dann zu den geliebten Kürbismännern aushöhlen. Eine sehr kinderfreundliche Kübelpflanze ist die Banane. Alle paar Tage entfaltet sich wieder ein neues Blatt. Gehen Sie beim Pflanzenkauf für einen Kinderbalkon kein Risiko ein, und verwenden Sie nur ungiftige Pflanzen.

Geeignete Kinderpflanzen

Alle Küchenkräuter und Gewürze
Gemüse: Radieschen, Salat und Kresse
Sommerblumen: *Tagetes*, Surfinia-Petunien, *Zinnia*, *Scaevola*.
Für die Aussaat: Kapuzinerkresse, *Papaver*, *Tropaeolum*, Wildblumenmischung, Sonnenblume, *Convolvulus tricolor*.
Duftpflanzen: *Lathyrus odoratus*, *Reseda*, *Mirabilis*.

Auf diesem Balkon möchte man sich dazusetzen und mit am Wasser spielen. Das halbe Kinderzimmer wurde nach draußen verlagert. Bei so viel frischer Luft färben sich die Wangen natürlich rot. Die Kiwi 'Jenny' wird erst nächstes Jahr Früchte tragen, denn diesmal hat sie nicht geblüht.

Naturschutz auf dem Balkon: Wildpflanzen

Wollen Sie einen Balkon zum Entdecken, so ist die Vielfalt der Wildblumen gerade das Richtige. Mit ihnen holen Sie sich ein Stück unverfälschte Natur auf den Balkon. Dieser Balkon lebt nicht von einem prachtvollen, überschäumenden Blütenflor, sondern vom lieblichen und schlichten Reiz der Einzelblüten, die erst bei näherer Betrachtung in Staunen versetzen. Ein Balkon, geschmückt mit dem, was die Natur von selbst hervorbringt, ist ein Balkon zum Entdecken.

Zu den heimischen Wildblumen zählen die Sommerblumen, die sich meist aus der Tüte aussäen lassen und die nur einen Blütenhöhepunkt besitzen. Sie erfüllen nicht den Anspruch einer ununterbrochenen Blühdauer von Frühling bis in den späten Herbst hinein, wie ihn die typischen Zuchtformen der Balkonblumen bieten. Aber gerade das stille Beobachten der Entwicklung und die bescheidene Entfaltung der meist zarten und ungefüllten Blüten machen ihren Reiz aus.

Zu den Pflanzen mit individuellem Wildcharakter gehören die Kornrade, das Leinkraut, das Himmelsröschen und der Klatschmohn.

Diese Wildblumen benötigen nicht den Arbeitsaufwand, der für andere Sommerblumen notwendig ist. Verwandeln Sie also ruhig Ihren Balkon in eine Öko-Nische mit vielen reizvollen Wildblumen. Nicht nur der Mensch fühlt sich von einem solchen Ort angezogen, sondern auch Hummeln, Bienen, Schwebefliegen, Schmetterlinge, Marienkäfer und nicht zuletzt die Vögel. Viele dieser schlichten Schönheiten bilden duftende Blüten und attraktives Grün. Viele Wildblumen wachsen in der Natur meist in kargen Heidelandschaften, Schotterböden und Schuttplätzen. Sie benötigen deshalb auf dem Balkon auch keine fette Erde, sondern nehmen vorlieb mit sandigen und nährstoffarmen Substraten. Sie brauchen keinen wertvollen Torf und auch nur wenig Dünger. Am umweltfreundlichsten ist eine Erdmischung aus Rindenhumus und Sand.

Ein sinnliches Vergnügen schafft so ein lebendiger Wiesenstrauß im Balkonkasten. Diese bunte Blumenwiese wurde von langer Hand vorbereitet, denn die einzelnen Sommerblumen wurden schon im März auf der Fensterbank ausgesät. Anschließend wurden sie bunt durcheinander in den Balkonkasten gesetzt.

Die anspruchslose Blumenmischung besteht nur aus Schwachzehrern und braucht deshalb nur relativ wenig gedüngt und gegossen werden.

Consolida regalis (Rittersporn), *Malope trifida* (Malve), *Clarkia amoena* (Atlasblume), *Helipterum roseum* (Sonnenflügel), *Silene coeli-rosa* (Himmelsröschen), *Cosmos sulphureus* (Schmuckkörbchen), *Reseda odorata* (Gartenreseda), *Calendula officinalis* (Ringelblume).

Wild und ungezähmt geht es in dieser Muschelamphore zu. Aus allen Löchern quellen Blumen mit Wildcharakter hervor. Die Trompetenblumen mit ihren vielfarbigen Blüten strecken ihre Stengel weit in die Höhe, trotzen aber erfolgreich auch stärkeren Winden. Der wilde Majoran mit seinen langen Stengeln ist ebenfalls sehr windfest und lockt reichlich Schmetterlinge an. Auch die Nachtkerze hat ihren Weg aus der Muschel ans Licht gefunden und verströmt am Abend einen zauberhaften Duft, der auch die Nachtfalter anzieht. Die *Sedum*-Pflanze wohnt bereits ein paar Jahre in diesem Stockwerk und reicht mit ihren Trieben schon bis auf den Boden. Alle Blumen sind direkt in die Amphore gesät oder stehen schon mehrere Jahre geduldig an ihrem Bestimmungsort und ziehen sich im Winter in Steinmuscheln zurück.

PFLEGE: Anspruchslos. Damit sich viele von diesen Strohblüten entwickeln, brauchen sie kalkarme, durchlässige Erde.
VERMEHRUNG: Die Aussaat auf der Fensterbank ist kinderleicht und gelingt zuverlässig.

Blüten wie aus Seidenpapier:
der Rosen-Sonnenflügel (links).
Die Kornrade blüht ab Juli (unten).

KORNRADE
Agrostemma githago

Dieses überaus zierliche Nelkengewächs bildet liebliche rosaschimmernde Blüten, die zur Mitte hin immer weißer werden. In der Natur kommt die Kornrade auf Getreidefeldern und Schuttplätzen vor und steckt ihre Wurzeln auch auf dem Balkon gerne in einen kargen Boden. Diese wilde Schönheit blüht von Jun. bis Juli und ist eine richtige Liebhaberpflanze.
STANDORT: Sonnig.
ERDE: Für Schwachzehrer.
PFLEGE: Anspruchslos.
VERMEHRUNG: Durch Direktaussaat.

ROSEN-SONNENFLÜGEL
Helipterum roseum

Diese ganz entzückende Trockenblume blüht in vielen Farben. Von Weiß, Goldgelb, Rosa bis hin zu Rot reicht ihre Farbpalette. Wie aus Seidenpapier gebastelt erscheinen die Blüten und rascheln bei Berührung auch genauso. Wollen Sie die Blüten zum Basteln verwenden, so nimmt man die gesamte Pflanze schon vor dem Blütenhöhepunkt aus dem Kasten und hängt sie verkehrt herum an einen schattigen, regengeschützten, aber luftigen Platz auf. Daraus gebundene Sträuße halten viele Monate und erinnern an einen schönen Balkonsommer.
STANDORT: Sonnig.
ERDE: Für Schwachzehrer.

Schmuckkörbchen in Gelb-Orange.

SCHMUCKKÖRBCHEN
Cosmos sulphureus

Das Schmuckkörbchen mit kräftig leuchtenden, orangefarbenen, halbgefüllten Blüten ist mit seinem späten Blütenbeginn Ende Juli ein richtiger »Nachzügler« auf dem Balkon. Es kommt erst richtig in Fahrt, wenn die anderen wie z.B. Kornrade und Kornblume schon am Abklingen sind. Ihre Stengel mit dem gefiederten Laub wachsen etwas sparrig, bringen dafür aber unermüdlich hübsche Blüten hervor. Orangetöne sind allgemein sehr schwer zu kombinieren, am besten passen noch Weiß und Blau dazu. So ist die Kornblume mit ihrem kräftigen Blau die optimale Begleitung.
STANDORT: Sonnig.
ERDE: Für Mittelstarkzehrer.
PFLEGE: Anspruchslos.
VERMEHRUNG: Im März/April auf der Fensterbank aussäen.

KLATSCHMOHN
Papaver rhoeas

Früher auf unseren Äckern heimisch und von den Bauern bekämpft, wird der Mohn nun endlich wieder gern gesehen. Überall am Wegrand brechen die Blütenkapseln auf und lassen die hübschen Blüten hervor. Er zählt zum meistgeliebtesten »Unkraut«, und kein Wildblumenliebhaber wird auf ihn verzichten. Es ist schön zu beobachten, wie seine behaarten Stengel aus der Erde wachsen.

Diese feurig-wilde Sommerschönheit läßt sich direkt an ihrem Bestimmungsort aussäen. Den Mohn gibt es mittlerweile auch mit gefüllten Blüten und in allen rötlichen Pastellfarben.
STANDORT: Sonnig.
ERDE: Durchlässig, für Mittelstarkzehrer.
PFLEGE: Anspruchslos.
VERMEHRUNG: Direkt aussäen.

In vielen Rottönen: Klatschmohn.

Zierlich: das Himmelsröschen.

HIMMELSRÖSCHEN
Silene coeli-rosa

Wildblumenfreunde werden an dieser zierlichen Pflanze ihre helle Freude haben. Häufig wird *Silene* wegen der Ähnlichkeit ihrer Blüten und Blätter mit der einfachen Nelke verwechselt. Das einjährige Himmelsröschen kommt wild im Mittelmeerraum vor und wird dort bis zu 80 cm hoch. Für die Balkonkastengestaltung gibt es niedrige Sorten, die im Samenhandel oft unter den Namen *Viscaria* angeboten werden. Die Sorte 'Blauer Engel' hat himmelblaue Blüten und 'Rosa Engel' erblüht in leuchtendem Karminrosa. Beide Sorten haben ein dunkles Auge und blühen von Juni bis August.

STANDORT: Vollsonnig.

ERDE: Für Mittelstarkzehrer.

PFLEGE: Es mag keine Staunässe und muß ab und zu ausgezupft werden.

VERMEHRUNG: Aussaat auf der Fensterbank.

JUNGFER IM GRÜNEN
Nigella damascena

Diese nette Sommerblume mit den nadelartigen Blättern bietet zwei schöne Aspekte. Sie bildet im Juni hübsche hellblaue und weiße Blüten, die dann in dekorative Trockenfrüchte übergehen. Wenn sich alle Samenkapseln gebildet haben, wird sie abgeschnitten und verkehrt herum zum Trocknen an einen schattigen, luftigen Platz gehängt.
Diese zarte Sommerblume wird oft als Füllpflanze in Sommerkombinationen gesetzt und nach dem Verblühen aus dem Kasten genommen. Sie erreicht im Topf eine Höhe von etwa 50 – 60 cm.

STANDORT: Sonnig.

ERDE: Durchlässig, für Mittelstarkzehrer

PFLEGE: Anspruchslos.

VERMEHRUNG: Durch Aussaat direkt in den Kasten.

Auch getrocknet beliebt: *Nigella*.

Einfach aussäen: die Kornblume.

KORNBLUME
Centaurea cyanus

Die Kornblume gehört zusammen mit dem Klatschmohn zu den meist geliebten Ackerkräutern. Auf unseren Äckern ist die einheimische blaue Kornblume jedoch fast ganz verschwunden und taucht nun auf dem naturnahen Balkon wieder auf.
Die Kornblume gibt es in den Farben Weiß, Rosa und Hellblau mit gefüllten Blüten. Sie kann noch bis zum Mai direkt in den Kasten ausgesät werden und blüht von Juni bis in den Oktober hinein. Allein in einen Topf gesetzt, entwickelt sie sich prächtig und wird bis zu 60 cm hoch.

STANDORT: Sonnig bis halbschatig.

ERDE: Für Schwachzehrer.

PFLEGE: Anspruchslos.

VERMEHRUNG: Ab April direkt in den Kasten säen.

Immergrün das ganze Jahr: Der Dauerbalkon

Wer nicht so viel Zeit zum Gärtnern hat, der sollte auf die bequeme Dauerbepflanzung des Balkons zurückgreifen. Sind erst einmal Kübel, Kästen, Erde und Pflanzen an Ort und Stelle, so brauchen Sie nur noch wenig pflegen und blicken trotzdem das ganze Jahr auf einen grünen Balkon.

Ein Dauerbalkon bietet jedoch keine durchgehende Blüte vor. Frühling bis Herbst, denn von den frostharten, teilweise einheimischen Gehölzen und Stauden kann man nicht die Blütenfülle subtropischer Gewächse erwarten.

Darauf kommt es hier auch gar nicht so an, denn der Reiz liegt im natürlichen Charme der Pflanzen. Mit den Gehölzen holen Sie sich ein Stück

Die Sonne taucht das frische Frühlingsgrün der Koniferen und Gehölzen in warmes Licht und die Holzbank verspricht besinnliche Stunden. Eibe, Ahorn und Buchsbaum sind zu einem kleinen Wald herangewachsen. Schon allein der Formenreichtum dieser Gehölze bietet einen abwechslungsreichen Anblick. Keramikkugeln und Stiefmütterchen sorgen zusätzlich für eine wohnliche Atmosphäre.

dender Bedeutung sind die richtigen Größenverhältnisse der Gehölze und Stauden zueinander. Auch die Größe des Balkons muß berücksichtigt werden, damit die Pflanzen nicht den Rahmen »sprengen«. Vor dem Kauf müssen Sie sich unbedingt erst über die Wuchs- und Blüheigenschaften der Dauergäste informieren.

Die folgenden Gestaltungsvorschläge dienen nur als Anregungen und könnten noch unendlich weitergeführt werden. Wir empfehlen hauptsächlich Koniferen, Gehölze und Stauden, die alle winterhart sind. Aber auch die frosterprobtesten Pflanzen müssen auf dem Balkon im Kübel **unbedingt** einen Ballenschutz erhalten, denn die Wur-

Ein kleiner Frühlingsgarten in luftiger Höhe. In einem selbstgezimmerten Balkonkasten wachsen Miniaturgehölze zwischen Frühlings-Polsterstauden und Tulpen. Einmal angepflanzt, erblüht dieser Balkonkasten in jedem Frühjahr aufs Neue, nur jedesmal ein bißchen üppiger.

Armeria maritima (Grasnelke),
Aubrieta-Hybride (Blaukissen),
Pinus strobus 'Minima' (Kiefer),
Juniperus horizontalis 'Glauca' (Wacholder), *Hedera helix* (Efeu),
Phlox subulata (Kissenphlox),
Abies koreana 'Brevifolia' (Koreatanne),
Prunus x cistena (niedrige Blut-Pflaume), *Phlox* 'Chattahoochee' (Phlox),
Pinus mugo 'Humpy' (Miniatur-Zwergkiefer)

Natur auf den Balkon, an dem Sie den Wandel der Jahreszeit hautnah beobachten können. Die meisten frostharten Gehölze und Stauden haben ihrem biologischen Rhythmus entsprechend ihren Blütenhöhepunkt im Frühjahr, Sommer oder Herbst. Wählen Sie für den Balkon Pflanzen aus, die möglichst zu jeder Jahreszeit einen hübschen Anblick bieten. Ein noch so kleiner Balkon gibt Ihnen dann die Möglichkeit, Naturvorgänge ungestört und unmittelbar zu erleben.

Am schönsten sind Dauerbepflanzungen, wenn man sich die Natur zum Vorbild nimmt. Dabei kommen Gehölze zum Einsatz, die der Pflanzung ihre Grundstruktur geben. Ergänzt werden sie von Stauden, Gräsern und Zwiebelblumen. Sie alle passen gut zueinander und steigern sich gegenseitig in ihrer Wirkung, wenn sie ihre Blüten oder Blätter zur gleichen Zeit entfalten. Von entschei-

Zwerggehölze und kleinblumige Wildstauden passen gut zueinander und ergänzen sich hervorragend. Da die Gehölze fast alle Schwachzehrer sind, können auch nur Blumen dazugesetzt werden, die ebenfalls mit einer geringen Nährstoffzufuhr auskommen.

Penstemon barbatus (Bartfaden), *Glechoma hederacea* 'Veriegata' (Gundermann), *Picea abies* 'Little Gem' (Zwerg-Fichte), *Cotoneaster horizontalis* (Felsenmispel), *Campanula carpatica* (Karpatenglockenblume), *Juniperus communis* 'Gold Cone' (Zwergsäulenwacholder).

zeln reichen bis an die Topfwand und sind somit dem Frost direkt ausgesetzt (siehe Praxisteil).

Für den kleinen Balkon kommen nur die echten Zwerg- und Miniaturgehölze in Frage. Das sind Gehölze, die von Natur aus schwach wachsen und deshalb auch über Jahre hin nur einen geringen Lebensraum benötigen. Lassen Sie sich nicht verführen eine »kleine« Konifere zu kaufen, ohne zu wissen, welche Größe das »Gehölz-Baby« einmal im ausgewachsenen Zustand erreichen wird. Es gibt aber extra »Liliputaner« für den Balkon, die nie Baumgröße erreichen können. Diese Naturzwerge wachsen ausgesprochen langsam und können, ohne regelmäßig geschnitten zu werden, lange im gleichen Gefäß verbleiben. Identität und Wuchscharakter der Pflanzen lassen sich nur an der exakten Namens- und Sortenbezeichnung ablesen. Gehen Sie zum Pflanzenkauf deshalb unbedingt in Baumschulen und Fachgeschäfte, dort werden Sie das Richtige erhalten. Lassen Sie sich nicht vom höheren Preis echter Zwerg- und Miniaturgehölze abschrecken. Es liegt in der Natur der Sache, daß die langsam heranwachsenden Gehölze eine längere Kulturzeit benötigen und somit wertvoller sind.

Naturnahe Balkongestaltung mit Zwerggehölzen und Stauden

Die immergrünen Zwerggehölze begeistern durch ihre Vielfalt an Formen. Mit ihnen läßt sich ein spannungsreiches Grundkonzept für die Kastengestaltung erreichen. Säulen und Stämmchen streben nach oben, buschige oder kugelförmige Zwerggehölze vermitteln zwischen ihnen und den Gehölzen mit kriechendem Wuchs. Die Natur ist selten symmetrisch, deshalb sollten Sie beim Pflanzen gleiche Abstände zwischen den einzelnen Bäumchen vermeiden. Auch sogenannte »Monokulturen« bringt die Natur nicht hervor, deshalb ist es schöner, wenn nicht der ganze Kasten eintönig mit Nadelgehölzen bepflanzt wird.

Um einen »Mischwald« im Kasten zu bekommen, werden noch schwachwachsende Laubgehölze dazwischen gesetzt, die sich im Jahreslauf verändern. Sie stellen einen reizvollen Kontrast zu den immergrünen Nadelgehölzen dar. Die noch verbliebenen Lücken werden mit alpinen Polsterstauden, Gräsern und Zwiebelblumen ausgefüllt. Sind Sie ein Frühlingsliebhaber oder fahren Sie im Sommer in den Urlaub, so eignen sich Polsterstauden, die im Frühling blühen als Zwischenbepflanzung noch am besten

Für den Sommer gibt es eine große Liste an Stauden, die viele Wochen über blühen. Für die Kombination mit Zwerggehölzen eignen sich kleinblumige Wildstauden am besten, weil sie sich optisch den Gehölzen gut unterordnen. Die Nadelgehölze sind alles Schwachzehrer und können ebenfalls nur mit schwachzehrenden Pflanzen zusammengesetzt werden. Da die meisten Sommerblumen auf eine regelmäßige Nährstoffzufuhr angewiesen sind, sind sie in dieser Gemeinschaft fehl am Platz.

Solitärgehölze und Prachtstauden für die Gestaltung großer Balkone

Starkwachsende Gehölze und höhere Prachtstauden setzt man am besten in große Kübel oder Container, die dann auf dem Boden stehen. Bei der Gesamtgestaltung des Balkons dienen charaktervolle kleinkronige Bäumchen als Hauptakzente. Besonders hübsch sehen sie in der Gesellschaft von Sträuchern, (z.B. *Spiraea* x *bumalda*), Koniferen (z.B. *Pinus mugo*), Prachtstauden (z.B. *Rudbeckia*) und Gräsern (z.B. *Pennisetum*) aus. Sträucher, die lange ausladende Triebe bilden wie z.B. Flieder, sind auch für einen größeren Balkon nicht geeignet. Als Sichtschutz passen langlebige Klettergehölze (Seite 172) oder hochwachsende Sträucher mit weichem Laub wie z.B. der Gartenbambus. Offene Pflanzflächen in den Kübeln und Kästen können noch mit Bodendeckern bepflanzt werden.

Frosthärte der Gehölze auf dem Balkon

Gehölze und Stauden, die auf dem Balkon den Winter überdauern sollen, sind besonders harten Bedingungen ausgesetzt, weil der Wurzelballen von allen Seiten dem Frost ausgesetzt ist. Gerade die feinen Wurzeln sind aber die frostempfindlichsten Organe der Pflanze. Die Frosthärte der Pflanzen im Wurzelbereich ist bei den einzelnen Arten sehr unterschiedlich. Während robuste Gehölze (*Pinus*- und *Juniperus*-Sorten sowie *Thujopsis*) bis zu –18°C noch vertragen, fallen empfindlichere wie z.B. *Ilex* und *Taxus* schon Frösten unter –10°C schnell zum Opfer. In rauhen Gegenden mit langanhaltendem Dauerfrost und besonders in Balkonkästen, die an der Brüstung hängen, friert der ungeschützte Ballen schnell durch. Stehen sie dagegen auf dem Boden oder an der Innenwand, bekommen sie von zwei Seiten etwas Schutz.

Großklima: Wenn Sie in einer Gegend mit rauhem Klima wohnen, ist es ratsam, sich zumindest bei der Grundgestaltung auf die robusten Gehölze zu beschränken.

Kleinklima: Das Kleinklima eines Balkons wird von vielen Faktoren bestimmt, es kann vom regionalen Klima mehr oder weniger stark abweichen. Lagen im innerstädtischen Bereich, Hanglagen und Wandnähe sind klimatisch eher begünstigt.

Problemlagen: Ost- und Südbalkon: Insbesondere immergrüne Pflanzen sind auf diesen Balkonen im Winter gefährdet, wenn nach Frostnächten die Morgen- und Mittagssonne auf die ungeschützten Pflanzen scheint. Besonders immergrüne Blattpflanzen werden durch den radikalen Auftauvorgang bei gleichzeitigem Bodenfrost sehr schnell geschädigt. Hinzu kommen die Ostwinde, die schnell zu dem gefürchteten Vertrocknen von Blättern bzw. Nadeln im Winter führen. Immergrüne, die auch Ost- und Südlage vertragen, sind alle *Pinus*- und *Juniperus*-Sorten.

Kleinbleibende Gehölze

Sonne:
Laubgehölze:
Caryopteris (Bartblume)
Cotoneaster (kriechende Arten) (Zwergmispel)
Cytisus decumbens (Kissen-Ginster)
Daphne cneorum (Seidelbast, giftig!)
Erica carnea (Schneeheide)
Potentilla (Fingerkraut, niedrige Arten)
Genista lydia (Steinginster)
Nadelgehölze:
Juniperus communis 'Compressa' (Zwerg-Säulenwacholder)
Juniperus communis 'Sibirica' (Blauer Zwergwacholder)

Apfelrose

Juniperus communis ‘Repanda’
(Flacher Kriechwacholder)
Juniperus horizontalis ‘Glauca’
(Blauer Teppichwacholder)
Juniperus squamata ‘Blue Carpet’
(Blauer-Kriechwacholder)
Pinus mugo ‘Mops’ (Kugel-Kiefer)
Pinus pumila ‘Glauca’
(Blaue Pummel-Kiefer)
Pinus strobus ‘Radiata’
(Streichel-Kiefer)

Halbschatten:
Laubgehölze:
Calluna vulgaris (Besenheide)
Betula nana (Zwergbirke)
Berberis buxifolia ‘Nana’
(Grüne Polsterberberitze)
Euonymus fortunei in Sorten
(Spindelstrauch)
Prunus x *cistena*
Salix purpurea ‘Nana’ (Purpurweide)
Rhododendron yakushimanum und
R. forrestii (Rhododendron)
Nadelgehölze:
Abies balsamea ‘Nana’ (niedrige Bal-
sam-Tanne)
Abies koreana ‘Brevifolia’ (niedrige
Korea-Tanne)
Chamaecyparis lawsoniana ‘Minima
Glauca’ (Blaue Kissen-Zypresse)
Chamaecyparis obtusa ‘Nana Gracilis’
(Kleine Muschelzypresse)
Chamaecyparis pisifera ‘Boulevard’
(Kleine Silberzypresse)
Microbiota decussata (Fächerwacholder)
Picea abies ‘Echiniformis’ (Igelfichte)
Picea glauca ‘Conica’ (Zuckerhutfichte)
Picea omorika ‘Nana’ (Serbische
Kegel-Fichte)
Tsuga canadensis ‘Nana’ (Kissen-
Hemlocktanne)
Thuja orientalis ‘Aurea Nana’
(Schönste gelbnadelige Kugelzwerg-
form)

Schatten:
Laubgehölze:
Buxus sempervirens ‘Suffruticosa’
(Buchs)
Pieris japonica (Schattenglöckchen)
Skimmia japonica (Frucht-Skimmie)
Vinca minor (Immergrün)
Nadelgehölze:
Thujopsis dolabrata (Lebensbaum)
Taxus baccata, niedrige Sorten (nur
mit gutem Ballenschutz winterhart!)

Solitärgehölze für den Balkon:

Sonne:
Laubgehölze:
Betula (Birke)
Choenomeles speciosa (Zierquitten)
Rhus typhina (Essigbaum)
Nadelgehölze:
Juniperus communis ‘Hibernica’
(Irischer Säulenwacholder)
Juniperus virginiana ‘Skyrocket’
(Raketen-Wacholder)
Pinus cembra (Zirbelkiefer)

Halbschatten:
Laubgehölze:
Acer palmatum (Japanischer Fächer-
ahorn)

Euonymus (Spindelstrauch)
Sinarundinaria (Gartenbambus)
Nadelgehölze:
Chamaecyparis lawsoniana-Sorten
(Säulenzypresse)
Picea orientalis ‘Aurea’ (Orientalische
Goldfichte)
Thuja occidentalis Sorten (Lebens-
baum)

Schatten:
Laubgehölze:
Ilex aquifolium (Stechpalme)
Laburnum (Goldregen)
Hamamelis virginiana (Zaubernuß)
Nadelgehölze:
Taxus baccata (Eibe, Ballenschutz!)
Taxus media ‘Hicksii’
Tsuga canadensis (Hemlockstanne)

Stauden, Gräser
und Zwiebelblumen:
Auch dem Besitzer eines Dauerbal-
kons steht die bezaubernde Welt der
Stauden, Gräser und Zwiebelblumen
zur Verfügung, denn die meisten dieser Pflanzen entwickeln sich auch
zwischen Gehölzen ganz prächtig in
Kästen und Gefäßen.

Zierquitte mit hübschen Blüten.

Üppiger Start in den Frühling

In diesem duftigen Frühlingskasten gruppieren sich Zwergakelei, Moossteinbrech und Vergißmeinnicht um ein kleines Apfelbäumchen.

Malus 'Golden Hornet' (Zierapfel), *Aquilegia flabellata* 'Ministar' (Akelei), *Myosotis sylvatica* (Vergißmeinnicht), *Saxifraga-Arendsii*-Hybriden (Moossteinbrech), *Hedera helix* (Efeu).

Dieser romantische Balkon ist kein reiner Dauerbalkon, für eine saisonale Bepflanzung sind nämlich die Balkonkästen freigehalten. Die Gehölze bilden den grünen Rahmen. Je nach Lust können nun noch Saisonblumen in die Kästen geholt werden. Besonders schön untermalen die Zweijährigen wie Vergißmeinnicht, Tausendschön und Veilchen die frühjahrsblühenden Gehölze. Sie wurden im Herbst bereits in die Kästen gepflanzt, an einem geschützten Platz zusammengestellt und mit einem Winterschutz versehen. Nur die Tausendschön sind im Frühjahr vom

Wochenmarkt mitgebracht. Die japanische Zierquitte bildet bis zum Herbst sehr dekorative Früchte aus.

Tulipa-Hybriden (Tulpen), *Bellis perennis* (Tausendschön), *Choenomeles speciosa* (Zierquitte), *Clematis alpina* (Waldrebe), *Lonicera caprifolium* (Geißblatt), *Rhododendron yakushimanum* (Rhododendron), *Aquilegia flabellata* 'Ministar' (Akelei), *Myosotis sylvatica* (Vergißmeinnicht),

Die frühe Blüte im April machen diese Hängekätzchen zusammen mit den Vorfrühlingsblühern zu einem auffälligen Blickfang. Das Trauerweidenstämmchen ist eine Veredelung der schwachwachsenden Kriechweide. Das robuste Gehölz kann deshalb lange im gleichen Gefäß verbleiben.

Salix repens 'Jona' (Veredelte Kriechweide), *Crocus vernus* (Krokus), *Scilla siberica* 'Alba' (Blausternchen).

Es grünt und blüht im Sommer

△ Eine überaus robuste Gesellschaft hat sich in diesem Kasten an einem sonnigen bis halbschattigen Standort zusammengefunden. Der Fingerstrauch ist ein typischer Sommerblüher. Die Einzelblüte hält zwei Wochen lang und er blüht bis in den Herbst hinein. Die gelben Blätter des *Euonymus* unterstreichen die Leuchtkraft der Fingerstrauchblüten. Auch der Islandmohn mit seinen gelb-orangen Blüten paßt sich in die Farbharmonie ein und blüht von Juni bis September ununterbrochen. Der Hiba-Lebensbaum ist ein Phänomen an Widerstandsfähigkeit, denn jeder Standort, von Sonne bis Schatten, ist ihm recht. Die Segge lockert die Pflanzenkombination mit ihren feinen rotbraunen Wedeln auf. Koniferen lieben einen gleichmäßigen feuchten Boden, deshalb dürfen Sie das Gießen nicht vergessen.

Potentilla 'Kobold' (Fingerstrauch), *Carex buchananii* (Segge), *Euonymus* 'Emerald´s Gold' (Spindelstrauch), *Papaver nudicaule* (Islandmohn), *Hedera helix* (Efeu), *Thujopsis dolabrata* (Hiba-Lebensbaum).

Selbst auf dem schattigen Balkon, kann man sich mit Gehölzen ein grünes Zimmer einrichten. Solange sich der offene Himmel darüber zeigt und nicht tiefster Schlagschatten herrscht, fühlen sich auch dort viele Gehölze wohl, die in der Natur als Untergehölze des Waldes vorkommen. Als Mittelpunkt wurden wertvolle japanische Ahornarten gewählt: Die Laubschmuckgehölze beginnen schon im zeitigen Frühjahr mit ihrem wunderschönen Blattaustrieb. Daraus entwickeln sich die überaus zierenden hellgrünen bzw. dunkelroten geschlitzten Blätter. Kurz vor dem Austrieb blüht der Japanische Feuerahorn in gelben Blütentrauben, aus denen sich im Laufe des Jahres die auffallend rötlichen Flügelfrüchte entwickeln. Der Herbst wird gekrönt durch die feurige Blattverfärbung in allen Gelb-, Orange- und Rottönen. Die langsamwachsenden Gehölze werden im Topf nicht höher als 3 Meter. In ihrer Heimat Japan wachsen sie gerne in Wassernähe, weshalb sie die Erhöhung der Luftfeuchte durch das Wasserbecken besonders schätzen. Ein Gartenbambus sorgt für guten Sichtschutz und da er sein hellgrünes Laub auch im Winter behält, hat man auch in der düsteren Jahreszeit etwas Grünes vor dem Fenster. Im Mai ist die kleine Deutzie mit ihren zahlreichen weißen Blüten übersät. Zwischen den Gehölzen stehen verschiedene Blattschmuck- und Blütenstauden, die besonders gut zum Wasserbereich passen.

Deutzia gracilis (Maiblumenstrauch), *Hosta sieboldiana,* (Blaublatt-Funkie), *Fargesia murielae* (Syn. *Thamnocclamus,* Gartenbambus), *Acer palmatum* (Fächerahorn), *Acer japonicum* 'Aconitifolium' (Japanischer Feuerahorn), *Acer palmatum* 'Atropurpureum' (Rotblättriger Fächerahorn), *Alchemilla mollis* (Frauenmantel), *Iris pseudacorus* (Sumpfschwertlilie), *Iris sibirica* (Sibirische Wieseniris).

▷ Besonders geeignet für die Bepflanzung von Kästen sind die kleinbleibenden und überaus reichblühenden Diamantazaleen. Die halbimmergrünen Azaleen gibt es in vielen Bonbonfarben. Sie haben sich als erstaunlich widerstandsfähig erwiesen, dennoch sollten Sie bei diesen Pflanzenschätzen kein Risiko eingehen und Ihnen einen guten Winterschutz geben.

Japanische Azaleen 'Diamant Rosa', 'Palestrina', 'Kirin'.

◁ Sofern es sich nicht um sehr tiefen Schatten handelt, sind die Immergrünen ideale Gesellen für den schattigen Balkon. Damit auch im Sommer etwas Farbe in den Kasten kommt, können schattenverträgliche Sommerblumen für Abwechslung sorgen. Fuchsien und Begonien werden zwar bei schwacher Düngung nicht so üppig, zeigen aber immerhin doch einigen Blütenflor. Senken Sie zwischen die Gehölze einen geräumigen Übertopf ein, damit Sie die jeweiligen Saisonpflanzen schnell und ohne Wurzelbeschädigung aus der Gehölzegruppe herausnehmen können.

Buxus sempervirens 'Suffruticosus', *Buxus sempervirens* 'Herrenhausen' (Buchs), *Begonia semperflorens* (Begonie), *Fuchsia*-Hybriden (Fuchsie), *Hedera helix* (Efeu).

Ein Schmuckkästlein für einen vollsonnigen Balkon. Graulaubige Duft- und Küchenkräuter fügen sich harmonisch in die Kombination aus Nutz- und Zierpflanzen. Als Kinder des Südens lieben sie die volle Sonne, sind aber sonst in ihren Ansprüchen sehr bescheiden. Der nur 60 cm lange Kasten ist so geschickt bepflanzt, daß er zwar sehr dezent wirkt, aber trotzdem viele Überraschungen in sich birgt. Die Pfingstnelke hängt weit über den Kasten und blüht von Mai bis in den Juni hinein. Sie wird vom Lavendel mit seinen zartblauen Blüten abgelöst. Ab Juni blüht der Majoran und zieht so manchen Schmetterling in seinen Bann. Dazwischen öffnet die Lilie ihre üppigen Blüten und zieht die Blicke auf sich. Fast verloren wirkt da der Zitronenthymian mit seinem unvergleichlichen Duft. Ganz hinten wächst der echte Salbei und kann für einen Tee geerntet werden. Filigran umspielt das Federngras seine Nachbarn und gibt dem Ganzen eine beschwingte Note. Der Sauerklee hat sich heimlich selbst eingesät, darf aber bleiben. Zum Schluß entfaltet die Silberdistel ihre silbergrauer. Blütenköpfe, die noch lange an das bunte Treiben im Sommer erinnern.

Lavandula angustifolia 'Munstead' (Lavendel), *Stipa* (Federgras), *Dianthus gratianopolitanus* (Pfingstnelke), *Lilium*-Hybride 'Stargazer' (Lilie), *Origanum vulgare* (Wilder Majoran), *Thymus x citriodorus* 'Variegatus' (Thymian), *Salvia officinalis* (Salbei), *Carlina acaulis* (Silberdistel)

Rosenzauber auf dem Balkon

Die seit Jahrhunderten geliebten Rosen erobern nun auch die Balkone. In der Stadt lebende Rosenliebhaber halten die Königin der Blumen durchaus erfolgreich in Kübeln und Kästen. Es gibt Zwergsorten, die schon mit einem etwas größeren Balkonkasten vorlieb nehmen. Sie werden 30–40 cm hoch und blühen viele Monate im Sommer.

Höher werdende Strauchrosen eignen sich nicht für kleine Balkone. Sie nehmen zu viel Platz weg und engen den Bewegungsfreiraum dann sehr stark ein. Eine Hochstammrose dagegen nimmt in der Sitznähe wenig Platz weg und eignet sich gut als Schattenspender für den sonnigen Balkon. Am schönsten und dankbarsten ist die Sorte 'Schneewittchen' mit weißen, angenehm duftenden Blüten, die auch als Hochstamm angeboten wird.

Rosen sind beim Kauf schon in ziemlich großen Töpfen und brauchen deshalb für die Ballen mindestens einen 20–30 cm tiefen und 30 cm hohen Balkonkasten. Die Königin der Blumen liebt es auch nicht, wenn der Wind ständig an ihr zerrt, deshalb sollte sie geschützt stehen. Rosen sind im Gegensatz zu den anderen Dauergästen, wesentlich anspruchsvoller. Sie möchten schon ein wenig mehr Beachtung und Zuwendung. Im Winter benötigen Sie entweder einen kühlen Keller zum Überdauern, oder aber einen etwas aufwendigeren Winterschutz. Besonders geeignet für den Balkon sind folgende Sorten: Im Frühjahr wird die *Rosa chinensis* 'Minima' als Zimmerpflanze angeboten. Als Licht- und Frischluft bedürftige Pflanze fühlt sie sich auf den Balkon aber viel wohler. Die Zwergrose 'Sonnen-

Schlichte Eleganz vermitteln die Stämmchenrosen 'Schneewittchen', die hier mit dem Gartenbambus eine gelungene Verbindung eingegangen sind. 'Schneewittchen' zählt zu den robustesten Rosen, die ohne Unterbrechung bis in den Herbst hinein blühen und ihren lieblichen Duft verbreiten.

Die halbgefüllte, wetterfeste Bodendeckerrose 'Fair Play' eignet sich gut
für die Kastenbepflanzung. Sie blüht
hellrot und wird dann pink.

kind' besitzt gelb gefüllte Blüten.
Die 'Baby Maskerade' bildet gelb-
orangen Blütenflor.
Für große Kübel haben sich die
Bodendeckerrose 'The Fairy' und die
Strauchrose 'Schneewitchen' bewährt.
Ideale Begleiter für Rosen sind der
Gartenbambus (*Fargesia*), Buchsbaum (*Buxus*), Lavendel (*Lavandula*), Katzenminze (*Nepeta*), Heiligenkraut (*Santolina*), Lampen-
putzergras und Federgras (*Stipa*)

ERDE: Für Mittelstarkzehrer, kalkliebend.
PFLEGE: Regelmäßig gießen. Rosen
benötigen für ein gesundes Wachstum eine harmonische Düngung. Auf
einseitiges Düngen oder Spurenele-
mentemangel reagieren sie schnell
mit chlorotischen Blättern. Am
besten eignet sich das Aufstreuen
eines Langzeitdüngers je nach Typ
einmal im Frühling und einmal im
Sommer. Dazu wird eine einmalige
Gabe eines flüssigen Mikronährstoff-
düngers dazugegeben. Ab August
muß aber die Düngung unbedingt
eingestellt werden. Die größte Duft-
entfaltung besitzen Rosen bei einem
pH-Wert über 7 und einem nur
mäßig gedüngten Boden. Eine Überdüngung geht auf Kosten des Duftes!

ÜBERWINTERUNG: Robuste Sorten können gut verpackt auf dem Balkon
verbleiben. Hochstämmchen werden
am besten in eine Strohmatte eingewickelt. Alle oberirdischen Pflanzenteile müssen mit Strohmatten oder

Tannenzweigen eingepackt werden.
Das verhindert die Austrocknung
durch die Wintersonne. Empfindliche Rosen überwintert man am
sichersten im Keller, in der Garage
oder einem Schuppen. Im Frühjahr,
kurz nach dem Dauerfrost, sollen
die Rosen so bald wie möglich wieder ins Freie zurück, damit sie nicht
zu früh austreiben und so Geiltriebe
bilden.
SCHNITT: Zwergrosen werden noch
vor dem Austrieb um die Hälfte ein-
gekürzt. Hochstämmchen werden
lediglich von vertrockneten Trieben
befreit.
UMTOPFEN: Zwergrosen werden jedes
Jahr in neue nährstoffreiche Erde
umgetopft. Bei größeren Rosen-
exemplaren tauscht man im Frühjahr die oberste Erdschicht mit neuer
Erde aus.

Die Zwergrose 'Sonnenkind'.

Herbstlicher Jahresausklang

▽ Dies ist der Frühlingskasten von Seite 160, wie er sich im Herbst zeigt. Nach der Vergißmeinnichtblüte wurde an deren Stelle eine niedrige Balsam-Tanne gesetzt. Über den Sommer hat das zarte Blaue Gänseblümchen die Pflanzung mit seinen blauen Blüten belebt. Der herbstliche Höhepunkt ist jedoch das Apfelbäumchen, das seine Blätter goldgelb verfärbt. Die zahlreichen roten Äpfelchen bleiben lange bis in den Winter hinein hängen, bis sie von hungrigen Vögeln abgeräumt werden (Arten: Seite 160)

◁ Was ist ein Herbst ohne goldene Gräser, die sich im Winde bewegen? Die wärmende Abendsonne taucht den knapp 12 Quadratmeter großen Balkon in sanftes Licht. Gräser schwingen im Wind hin und her und zusammen mit den ersten rotverfärbten Blättern des wilden Weines verkünden sie den nahenden Herbst. Hoch hinauf ragt ein *Cotoneaster*.

> *Cotoneaster x watereri* 'Pendulus' (Hängemispel), *Pennisetum alopecuroides* (Federborstengras), *Rudbeckia hirta* (Sonnenhut), *Helianthus annuus* (Sonnenblume), *Juniperus communis* 'Hilbernica' (Irischer Säulenwacholder), *Dendranthema arcticum* (Herbstmargerite), *Hordeum jubatum* (Mähnengerste).

▷ Noch kann man den Herbstbalkon in vollen Zügen genießen. Sanft raschelt das Chinaschilf bei jedem Windhauch und seine eleganten Wedel werden in das schönste warme Licht getaucht. Blatt um Blatt verliert der Wilde Wein sein Laub. Der Balkongärtner denkt schon wieder an den Frühling, denn jetzt ist die richtige Zeit, um die Blumenzwiebeln in den Kasten zu setzen.

> *Miscanthus floridulus* (Riesenchinaschilf), *Miscanthus sinensis* 'Variegatus' (Chinaschilf), *Cotoneaster dammeri* 'Skogholm' (Felsenmispel), *Dendranthema-Grandiflorum*-Hybriden (Herbstchrysanthemen), *Pennisetum alopecuroides* (Federborstengras), Pfirsichbaum mit wildem Wein.

Die Natur
legt eine Ruhepause ein

Festliche Stimmung auf dem Balkon: Für die Vögel haben die »Festtage« schon begonnen, denn dies ist ein richtiger Weihnachtsbaum für sie: Bunte Äpfel und Meisenknödel lassen das Vogelherz höher schlagen. Jetzt, wo in der Natur nur noch wenig Futter zu finden ist, ist eine solche »Festtafel« für sie immer willkommen. Rücken die Weihnachtstage näher, so wird die Tanne geplündert und wandert für einige Zeit in die warme Stube. Jetzt werden die Äpfel gegen Glaskugeln und die Meisenknödel gegen Lebkuchen eingetauscht. Anstatt der Lichterkette erglühen Kerzen festlich auf den Zweigen. Wichtig: Auch im Zimmer dürfen Sie das Gießen des Bäumchens nicht vergessen. Bis zu den Heiligen Drei Königen kann der lebendige Weihnachtsbaum allerdings nicht im Zimmer bleiben, denn er

braucht schon bald wieder frische Luft. Im Frühjahr erfreut die Tanne dann mit einem frischen hellgrünen Austrieb an den Zweigspitzen und die Vögel finden ihre Nahrung jetzt wieder in der Natur.

Auf dem Balkon herrscht feierliche, weiße Stille. Wenn die immergrünen Gehölze von einem Schneekleid eingehüllt sind, haben sie den besten Schutz vor der austrocknenden Wintersonne. Fehlt der Schnee, sollten empfindliche Exemplare mit einem Vlies abgedeckt werden. Übrigens: Nicht nur die Pflanzen, auch das Holz des Liegestuhls ist winterhart.

Dauerhafte Klettergehölze

Da der Balkon meist nur sehr begrenzte Ausmaße aufweist, sollten Sie daran denken, den Raum nach oben zu nutzen. Nichts sollte Sie daran hindern, auch diese vertikale Ebene mit einzuplanen. Überziehen Sie die Balkonwände mit einem dicken Pelz aus dauerhaften Kletterpflanzen. So wird ein lauschiges Plätzchen im Grünen Wirklichkeit. Das Laub der Kletterpflanzen dämpft das Sonnenlicht, so daß eine beruhigende Atmosphäre entsteht. Ist einmal der ganze Balkon ringsherum mit einem grünen Blätterwald überzogen, so können die Blätter auch den Staub aus der Luft filtern und ein angenehmes Klima entsteht.

So ein Balkon ist eine regelrechte Öko-Nische und bietet vielen Insekten und Kleinstlebewesen ein sicheres Zuhause. Natürlich nehmen die winterharten Klettergehölze mehr Platz in Anspruch als die Einjährigen. Dafür können sie aber über mehrere Jahre an ihrem Bestimmungsort stehen bleiben und beginnen jedes Frühjahr mit dem Klettern dort, wo sie im Herbst aufgehört

haben. Vorbedingung für das gesunde Wachstum ist ein genügend großes Pflanzgefäß. Die schwächerwachsenden Klettergesellen benötigen ein mindestens 30 Liter Gefäß und die starkwachsenden eines für 50 Liter.

Beim Einpflanzen gehen Sie vor, wie auf Seite 186 beschrieben.

Schmackhafte Trauben der Weinrebe.

ECHTER WEIN
Vitis vinifera

Auch die echte Weinrebe kann gut auf dem Balkon kultiviert werden. Besonders Weinliebhaber werden sich dafür begeistern können. Die alte Kulturpflanze hat auch sehr viel zu bieten: Schönes Weinlaub, Früchte und eine bordeauxrote Herbstfärbung der Blätter. Sie benötigt ein Spalier, an dem die Triebe befestigt

Duftpflanzen verzaubern den frühlingshaften Maibalkon. Auch die Kübelpflanzen sind schon aus ihrem Winterschlaf erwacht und tragen bis weit in den Sommer zu diesem Duftpotpourri bei.

> *Lonicera caprifolium* (Jelängerjelieber), *Cytisus* (Geißklee), *Pelargonium graveolens* (Duftpelargonie), *Lavandula* (Lavendel), *Convallaria majalis* (Maiglöckchen).

werden können, und einen tiefen, mindestens 50 Liter fassenden Kübel. Eine sehr empfehlenswerte und krankheitsresistente Sorte ist die 'Boskoops Glory'.

STANDORT: Sonnig.

ERDE: Siehe Praxisteil, günstig ist ein Zusatz von Lehm.

PFLEGE UND ÜBERWINTERUNG: Siehe Praxisteil.

WILDER WEIN
Parthenocissus

An eine Hauswand in den Garten gesetzt vermag der Wilde Wein in wenigen Jahren ein mehrstöckiges Haus mit einem grünen Pelz zu überziehen. Auch auf unserem Balkon ist er ein eifriger Kletterer, der hoch hinaus will. Im Sommer erfreut er durch seine kräftig grünen Blätter, die sich im Herbst herrlich rot färben und für entspannende Atmosphäre sorgt. Der wilde Wein benö-

Clematis macropetala

tigt unbedingt einen großen Kübel, damit er seine Wurzeln ausbreiten kann. *Parthenocissus quinquefolia* besitzt fünflappige Blätter und benötigt zum Ranken ein Gitter. *P. tricuspidata* zeigt dreilappige Blätter und ist ein Selbstklimmer, der von alleine an den Wänden hochklettert. Hat er einmal den ganzen Balkon erklommen, so hängen die Triebe wie eine grüne Gardine herunter. Beide Weine färben sich im Herbst wunderbar karminrot.

STANDORT: Sonnig bis halbschattig.

ERDE: Einheitserde.

PFLEGE: Alle 6–8 Wochen düngen.

ÜBERWINTERUNG: Die Kübel benötigen einen Ballenschutz und können auf

Wilder Wein in Herbstfärbung.

dem Balkon überwintern. Erfrorene Triebe werden im Frühjahr zurückgeschnitten, denn er treibt von unten wieder neu aus.

WALDREBE
Clematis-Hybriden

Auch der Balkonbesitzer muß auf diese schöne Kletterpflanze mit den lieblichen Sternblüten nicht verzichten. Hier sind besonders die schwachwachsenden und frühblühenden Sorten geeignet wie die *Clematis alpina* und *C. macropetala*. Besonders hübsch und empfehlenswert sind die Sorten 'Nelly Moser' und 'The President'. Die Knospen werden im Vorjahr an den Triebspitzen gebildet und öffnen sich etwa im Mai zur Hauptblütezeit. Im September gibt es dann noch einmal eine Nachblüte an den neuen Trieben. Die Waldreben klettern mehrere Meter hoch und benötigen auf jeden Fall eine Kletterhilfe. Wächst Ihnen aber die Waldrebe zu sehr über den Kopf, so kann sie mit einem Rückschnitt in Schach gehalten werden. Alle 2–3 Jahre sollten sie auf jeden Fall einen Verjüngungsschnitt bekommen. Die Waldrebe mag es an ihren »Füßen« immer gut feucht und schattig. Am besten setzt man ihr eine Bodendeckerpflanze mit ins Gefäß oder deckt die Erde mit Rindenmulch oder Kieselsteinen ab.

STANDORT: Wie ihr Name schon sagt, wächst sie gerne im lichten Schatten von Bäumen und mag auch auf dem Balkon lieber einen halbschattigen Standort.

EINPFLANZEN: Der Kübel sollte mindestens 50 cm Durchmesser haben und 40 cm tief sein. Legen Sie eine Drainage, damit keine Staunässe entstehen kann.

ERDE: Da die Waldrebe mehrere Jahre in der gleichen Erde verweilen soll, muß das Substrat locker und luft- und wasserdurchlässig sein. Der Erde sollte gleich ein Langzeitdünger beigemischt werden, der für ein Jahr ausreicht.

PFLEGE: Unbedingt immer gleichmäßig feucht halten.

KRANKHEITEN: Die frühblühenden Sorten haben den Vorteil, daß sie nicht anfällig für die Clematiswelke sind.

PFEIFENWINDE
Aristolochia macrophylla

Diese hoch windende, aus Amerika stammende Schlingpflanze bildet hübsche und weiche, bis zu 30 cm große Blätter, die im Frühling in hellem Grün leuchten. Die Blüten scheinen kaum sichtbar zwischen dem

Saftig grün die Pfeifenwinde.

Laub hervor und sind von langgestielter, pfeifenartiger Form sowie purpurn gefärbt. In einem entsprechend großen Topf kann sie viele Meter hochranken und mit ihren großen Blättern einen Sichtschutz bilden.

STANDORT: Halbschattig bis schattig.

ERDE: Einheitserde, drainierte Erde liebt aber feuchten Boden.

PFLEGE: Regelmäßig gießen, darf nicht austrocknen. Einmal im Monat düngen.

ÜBERWINTERUNG: Ballenschutz.

EFEU
Hedera-Hybriden

Mit dieser kräftig grünen Kletterpflanze bringen Sie Farbe und Gemütlichkeit auf einen schattigen Nordbalkon. Graue Fassadenwände werden mit einer heimelig grünen Tapete überzogen. Efeu hat den Vorteil, auch im Winter seine Blätter zu behalten und so das ganze Jahr über eine grüne Ansicht zu bieten. Für

Efeu liebt Schatten.

den Efeu brauchen Sie keine Spaliere bauen, denn mit seinen Haftwurzeln zieht er sich von ganz alleine die Wand hoch. Wind und Wetter machen ihm nichts aus und auch schlechter Stadtluft widersteht er gut. Wer den Balkon aufhellen will, der wählt keinen Efeu mit dunkelgrünen Blättern, sondern holt sich Sorten mit weißbunten, silbergrau panaschiertem, gelbscheckigen oder hellgrünen Blättern. Um den Winter zu überstehen, muß der Efeu schon im Frühjahr in den Kübel gepflanzt werden.

Gut für den Kasten eignet sich die gelb bis lindgrün gefärbte Sorte 'Goldcraft', die sehr wüchsig ist. Weigert sich der Efeu, an Ihrer Wand hochzuklettern, so sind meistens die Beschaffenheit der Wand und die Lichtverhältnisse schuld. Er mag seine Haftscheiben nicht an gekalkten Wänden festmachen und liebt es nicht, direkt von der Sonne beschienen zu sein. Trifft ihn zuviel direktes Licht oder strahlt eine weiße Wand die Sonne stark zurück, so versucht er, seine Triebe vom Licht wegzuführen.

STANDORT: Halbschattig bis schattig.

ERDE: Lockere und durchlässige Erde.

PFLEGE: Regelmäßige Düngung von Mai bis Ende August ist erforderlich. Alle 2–3 Jahre sollte im Frühjahr der Efeu in ein anderes Gefäß kommen. Danach müssen auch die Triebe leicht zurückgeschnitten werden.

Wege zu einer erfolgreichen Balkon-gärtnerei

Sie müssen kein Gärtner sein, um die gezeigten Bepflanzungsbeispiele zu verwirklichen. Auch Anfänger erzielen schnellen Erfolg, wenn sie sich an die wichtigsten Grundregeln im Umgang mit Pflanzen halten.

Es beginnt mit der richtigen Pflanzenauswahl, nach den im Buch aufgeführten Kriterien, also je nach Lichtverhältnissen, Nährstoffbedarf usw.

Machen Sie sich eine Skizze ihrer Bepflanzung und kaufen Sie die Pflanzen möglichst kurz nach den Eisheiligen, etwa ab Mitte Mai.

Achten Sie auf beste Qualität der Pflanzen und sparen Sie nicht an einer hochwertigen Erde. Setzen Sie die erworbenen Pflanzen möglichst umgehend ein und vergessen Sie nicht, gründlich zu gießen. Auch die Nachdüngung muß rechtzeitig einsetzen. Alle diese Kriterien sind lebensnotwendig für das gute Gedeihen Ihrer Schützlinge und sind auf den folgenden Seiten beschrieben. Liebevoll und individuell versorgt werden die Balkonblumen Sie mit einer üppigen und langanhaltenden Blütenfülle belohnen.

Gereinigte Kästen und Kübel, neue Topferde, frisch gekaufte Jungpflanzen und die Gießkanne stehen für die Sommerbepflanzung des Balkons bereit.

Von links nach rechts: Tontopf, Plastik-topf, Torfanzuchttopf und Recycling-papiertopf. Vorne; Ballenware aus Multi-paletten.

Nur bei grundlegenden Pflegefehlern oder extremem Witterungsverlauf reagieren die Pflanzen aufgrund ihrer Schwäche mit Krankheiten und Schäd-lingsbefall. Das Wetter können wir nicht beeinflussen, doch wenn Pflanzen bei besten Bedingungen dahinvegetieren und krank werden, ist das meistens auf falsche Pflege zurückzuführen. Sie soll-ten dann lernen, die Zeichen zu erken-nen, um den Pflanzen aus ihrem Not-stand zu helfen. Die direkte Bekämp-fung von Schädlingen und Krankheiten sollte immer nur als letzte Notbremse angesehen werden und auch dann nur, wenn die eigentliche Ursache erkannt und geändert wurde.

Worauf Sie beim Pflanzeneinkauf achten sollten!

Von Jahr zu Jahr gelangen die Sommer-blumen immer früher in die Verkaufs-regale. Lassen Sie sich davon aber nicht dazu verführen, schon im April die zar-ten Jungpflanzen zu kaufen. Es fällt dem Gärtner aus Leidenschaft zwar schwer, an dem reichhaltigen Angebot vorbeizu-gehen, aber die Pflanzen müssen dann noch bis Mitte Mai gut geschützt wer-den. Sind die Pflanzen sogar schon in die Kästen gesetzt, so muß noch täglich mit Nachtfrösten gerechnet werden. Die zarten Blumenkinder brauchen dann eine schützende Abdeckung oder ein wames Nachtlager. Der erfahrene Balkongärtner geht erst nach den Eishei-ligen, ab Mitte Mai zum Händler und setzt die erworbenen Jungpflanzen anschließend gleich in die Kästen, so daß sie sich ohne Frostgefahr entfalten können.

Balkonblumen werden in unterschiedli-chen Größen und Qualitäten angeboten. Die einfachste Variante sind die in so-genannten Multipaletten kultivierten Jungpflanzen. Sie werden entweder als Steckling oder durch Aussaat vermehrt. Zum Verkauf werden sie einfach aus den Multipaletten entnommen und in Zeitungspapier eingewickelt.

Häufig findet man Gemüsepflanzen in dieser Form angeboten, aber auch einige Balkonblumen. Diese Ballenjung-pflanzen sind sehr günstig und man ver-meidet das Wegwerfen von Plastiktöp-fen. Da diese Jungpflanzen selten schon Blüten zeigen, ist die optimale Farbzu-sammenstellung oftmals sehr schwierig. Meist kann Ihnen aber der Gärtner die Blütenfarbe benennen.

Etwas teurer werden die Balkonblumen als Topfware angeboten. Es sind wesent-lich größere Pflanzen, die oft schon einen beachtlichen Blütenansatz zeigen. Hier können Sie auch an Ort und Stelle die verschiedenen Blütenfarben kombi-nieren.

Meistens stehen diese Pflänzchen leider immer noch in Plastiktöpfen, aber vie-lerorts werden auch schon die umwelt-freundlichen Recyclingpapier-Töpfe, denen man den Vorzug geben sollte, angeboten. Diese können direkt mit Topf in die Kastenerde gesetzt werden, wo sie sich dann langsam zersetzen. Auch das umständliche Austopfen fällt hier natürlich weg.

Achten Sie beim Kauf auch darauf, daß die Pflanzen gesundes, grünes Blätter-werk besitzen. Schauen Sie auch genau nach, ob sich genügend kräftige Knos-pen zeigen. Die Pflanzen sollten kom-pakt gewachsen sein und nicht »vergeilte« lange Triebe aufweisen, denn solche Pflanzen werden nicht mehr schön kompakt wachsen.

Die Ballen müssen gut durchwurzelt sein und unter den Blättern dürfen sich keine Schädlinge befinden. Blattflecken deu-ten auf eine Pilzinfektion hin. Bei Zwie-belpflanzen sollten Sie darauf achten, daß die Zwiebel schön prall und die Scha-len unbeschädigt sind.

Balkonerde für die Wechselbepflanzung

Neben Licht und Luft braucht die Pflanze noch Wasser und Nährstoffe zum Leben, die sie über ihre Wurzeln aus der Erde aufnimmt.

Bei der Wechselbepflanzung muß die Erde jedes Jahr vollkommen ausgetauscht werden, da sich noch Krankheitserreger vom vorigen Jahr darin befinden können, die schnell auf die neuen Pflanzen übergreifen. Meist ist die Erde auch am Ende der Balkonsaison von den Wurzeln der Sommerblumen vollkommen durchdrungen und ausgelaugt.

Wollen Sie jedes Jahr eine üppige Blütenpracht erzielen, so sollten Sie besonders auf eine hochwertige Erde achten. Wer hier am falschen Fleck spart, bringt sich um den Lohn eines langanhaltenden Blütenflors.

Unsere Balkonblumen lassen sich nach ihrem Nährstoffbedürfnis in 3 große Gruppen einteilen:

Gelungene Pflanzenkombinationen. Links: Mittel- und Starkzehrer, rechts: Mittel- und Schwachzehrer.

Schwachzehrer

Zu dieser Gruppe zählen die meisten Wildblumen und Kulturpflanzen mit Wildcharakter, die züchterisch wenig bearbeitet wurden und meist kleine Blüten und Blätter aufweisen: z.B. *Dyssodia, Brachycome, Nemesia* und *Linum*.

Ihr natürliches Wachstum ist bescheiden, sie lieben es ihre Wurzeln in magere, nährstoffarme und lockere Erde zu stecken und gedeihen hier auch am besten.

Verwenden Sie für diese Pflanzen die Einheitserde vom Typ P (Pikiererde) oder mischen Sie zur Einheitserde T (Topferde) noch 20 % Sand.

Mittelstarkzehrer

In diese Gruppe gehören wohl die meisten Sommerblumen.

Die Einheitserde T oder ED 73 ist für diese Gruppe optimal geeignet.

Starkzehrer

Hierher gehören die Sommerblumen, die durch züchterische Arbeit auf große Blüten und unerschöpfliche Blütenbildung gezogen sind, wie Pelargonien und z.B. *Petunia-Surfinia*-Hybriden. Hierher gehören aber auch einige Kübelpflanzen wie Oleander und *Canna*.

Für die Starkzehrer verwenden Sie zwar auch Einheitserden diese müssen aber kräftig nachgedüngt werden. Gibt man den Pflanzen diese Nahrung nicht, so hören sie mit der Blütenbildung auf.

Am besten gedeihen Pflanzen in einer Kombination, wenn sie alle die gleichen Nährstoffansprüche besitzen.

Die Mittelstarkzehrer lassen sich auch mit den Schwachzehrern oder aber mit den Starkzehrern kombinieren. Die Düngung wird dann dem schwächeren Partner jeweils angepaßt. So fügen sich die kräftigeren Pflanzen mit den zarteren zu einer harmonischen Gemeinschaft zusammen. Setzen Sie aber nie eine Blume mit Wildcharakter zu einer starkzehrenden, sie wird dann wegen Überdüngung verkümmern, oder der Starkzehrer wird kaum Blüten bilden

Die Eigenschaften der Balkonblumenerde

Die optimale Erde für alle Balkonblumen ist locker, luftig, wasser- und nährstoffbindend.

Die Erde hat auch die Aufgabe, der Pflanze mit ihren weitverzweigten Wurzeln einen sicheren Halt zu geben.

Die Erde als Speicher für Wasser und Nährstoffe

Die Erde, in der die Pflanzen gedeihen sollen, muß die Fähigkeit besitzen, die zugeführten Nährstoffe zu binden, um sie dann der Pflanze abzugeben. **Ton und Humus** erfüllen diese Aufgabe ganz hervorragend, wobei der Ton ein höheres Bindungsvermögen besitzt als der Humus. Ein hoher Tonanteil in der Erde schützt die Pflanze deshalb vor »Luxuskonsum« d.h. vor zu hoher Nährstoffaufnahme, die sie mastig und blühfaul werden läßt und Schwachzehrer eingehen läßt.

Der Einheitserde ist vom Hersteller schon ein großer Anteil an Ton beigemengt. Durch diese stark bindende Eigenschaft ist der Ton auch in der Lage, zu hohe Düngegaben abzufangen und schützt die Pflanze somit vor Düngeschäden. Eine ungenaue Düngerdosierung, wie es bei dem Balkoneinsteiger leicht passieren kann, führt bei reiner Torferde sehr schnell zu Schäden an der Pflanze.

Ein zu hoher Tonanteil darf aber auch nicht sein, denn er macht die Erde fest und wirkt sich nachteilig auf die Durchlässigkeit aus.

Die reine Gartenerde besitzt von Natur aus einen hohen Anteil an Ton und ist in ihrer Reinform für die Balkonblumen nicht geeignet.

Sowohl für die Nährstoffaufnahme, wie für das Wurzelwachstum ist **Sauerstoff** dringend notwendig.

Die Wasser- und Nährstoffaufnahme findet an den feinen Haarwurzeln der Pflanzen statt, die sich durch ein kontinuierliches Wachstum ständig erneuern müssen. Die Erde muß deshalb auch im wassergesättigten Zustand noch genügend Luftporen enthalten, damit jederzeit überschüssiges Wasser abfließen kann und der Sauerstoffgehalt in der Erde erhalten bleibt. Staunässe, die länger als 6 Stunden anhält, läßt die feinen Haarwurzeln verfaulen und die Nährstoffaufnahme kann nicht mehr stattfinden. Schließlich ist noch der sogenannte **pH-Wert** der Erde von großer Bedeutung. Er gibt den Säuregehalt des Substrates an. Der neutrale pH-Wert liegt bei 7,0. Die meisten Balkonblumen lieben einen leicht sauren Boden mit einem pH-Wert um 5,5 – 6,5. Sowohl bei einem zu hohen pH-Wert wie auch bei einem zu niedrigen sind verschiedene Nährstoffe für die Pflanzen nicht mehr verfügbar und es kommt zu Mangelerscheinungen. Wird ständig mit sehr kalkhaltigem Leitungswasser gegossen, so steigt der pH-Wert, der Boden wird alkalisch und es kommt zu Eisenmangel, der die Blätter chlorotisch gelb werden läßt. Zu weiches Wasser wiederum läßt den pH-Wert in den sauren Bereich sinken. Eine qualitativ hochwertige Erde besitzt die Fähigkeit, diesen Kalk abzupuffern, damit der pH-Wert konstant bleibt.

Die verschiedenen Erden

Torf:

Die modernen Torfsubstrate werden wegen ihres geringen Eigengewichts und der hohen Wasserspeicherfähigkeit bei gleichzeitiger Lockerheit am häufigsten verwendet. Durch die Gewinnung des Torfes werden aber wichtige Biotope, die Hochmoore unwiderbringlich zerstört, denn Torf »wächst« nicht nach. Viele der als Balkonblumenerde bezeichneten Billigerden sind reine Torfsubstrate. Diese sind jedoch für die Balkonblumen nicht so gut geeignet, denn sie beinhalten keinerlei Tonanteile und haben deshalb eine schlechte Nährstoffhaltekraft.

Einmal ganz ausgetrocknet, lassen sich solche Erden im Balkonkasten nur schwer wieder anfeuchten. Beim Versuch zu gießen, läuft das Wasser einfach an der Kasteninnenseite herunter und tropft aus den Abzugslöchern wieder heraus.

In einem reinen Torfkultursubstrat (TKS) kann es schnell zu Überdüngung oder Mangelerscheinung kommen. Von den Torfsubstraten sind die sogenannten Einheitserden noch am besten geeignet, da sie bis zu 30 % Ton enthalten, der die Aufgabe der Nährstoffspeicherung erfüllt.

Es gibt sie für alle Verwendungsbereiche, die je nach Nährstoffbedarf der Pflanzen angepaßt sind.

Beim Abbau werden zwei verschiedene Torfqualitäten gewonnen: Einmal ein sehr feiner Torf, der Schwarztorf und der hochwertigere mit gröberen Anteilen, der Weißtorf.

Weißtorf hat den Vorteil, daß er viel luftdurchlässiger ist als Schwarztorf.

Da Weißtorf grober und weniger zersetzt ist, besitzt er die Fähigkeit, das Sechsfache seines Volumens an Wasser aufzusaugen, behält aber in diesem wassergesättigtem Zustand noch den für eine ausreichende Wurzelatmung nötigen 30 %igen Luftanteil.

Leider können wir zur Zeit der Entstehung dieses Buches noch nicht auf die Beimengung von Torf für unsere Balkonblumenerde ganz verzichten. Viele Institute betreiben jedoch fleißig Forschungen, um optimal geeignete Alternativen zu entwickeln. Erste Schritte sind schon getan, und einige Produkte sind schon auf dem Markt. Aber wie alle ökologisch vertretbaren Alternativen sind sie etwas umständlicher zu handhaben und benötigen auch etwas mehr Wissen.

»Öko« Blumenerden

Auch in den sogenannten »Öko«-Erden ist leider immer noch eine Torfbeimengung für eine zuverlässige Blumenerde notwendig, allerdings in viel geringerem Maße als bei den Einheitserden. Sie beinhalten je nach Produkt in unterschiedlichen Anteilen Rindenhumus, Komposterde, Ton und Torf.

Der Handel bietet auch schon einige völlig torffreie Blumenerden an (Holzfaserprodukte), deren Umgang aber einiges Wissen und Fingerspitzengefühl erfordert.

Komposterde:

Wenn Sie größere Mengen an Erden benötigen oder selbst Komposterde besitzen, so kann dieser Kompost in Verbindung mit lehmhaltiger Gartenerde die Grundlage einer hauseigenen Balkonblumenerde werden. Allerdings kann Komposterde nur dann bedenkenlos zur Anwendung kommen, wenn der Rotteprozeß vollständig abgeschlossen ist.

Verwenden Sie gleich beim Kompostieren einen Zusatz aus tonhaltigen Materialien wie z.B. Bentonit oder Lehm. Mischkompost aus Küchenabfällen besteht in erster Linie aus organischer Substanz, die einen hohen pH-Wert und geringen Stickstoffanteil in der Erde bewirkt.

Ein großer Nachteil dieser Erden ist aber auch der hohe Gehalt an Unkrautsamen, die dann ständig im Balkonkasten aufgehen und immer wieder ausgezupft werden müssen. Komposterden enthalten viele Mikroorganismen, die zum Teil wichtige Aufgaben erfüllen. Darunter befinden sich aber auch Pilze und Bakterien, die vor allem an Sämlingen und Jungpflanzen die sogenannte Umfallkrankheit verursachen.

Komposterde eignet sich deshalb nicht für die Vermehrung, es sei denn, Sie sterilisieren die in sogenannte Bratfolie verpackte Erde im Backofen.

Wenn Sie nicht selbst kompostieren, können Sie auch direkt bei öffentlichen Kompostieranlagen fertige Grüngutkomposte preisgünstig beziehen (Adressen erhältlich beim Landratsamt oder der Stadtverwaltung). Achten Sie aber darauf, daß der Kompost von einer Gütegemeinschaft überprüft wurde. Manchmal bieten diese sogar fertig gemischte Balkonblumenerde an, die aus Gütesiegel-Kompost und Granulat besteht.

Richtig einpflanzen

Wenn Sie vom Pflanzeneinkauf kommen und noch nicht gleich Gelegenheit finden, die Blümchen an den Bestimmungsort einzusetzen, so stellen Sie die Jungpflanzen zunächst an einen schattigen Ort.

Haben Sie Ballenpflanzer gekauft, so ist es am besten, wenn sie sich zum Einpflanzen einen bewölkten Tag aussuchen oder aber erst abends mit der Arbeit beginnen.

Jungpflanzen mit trockenem Ballen müssen vor dem Einsetzen erst einige Zeit in eine Wanne mit Wasser gestellt werden, damit sie sich vollsaugen können.

Die frisch eingesetzten Blumenkinder vertragen nicht sofort die pralle Sonne und sollten dann für einen Tag mit Vlies oder Zeitungspapier schattiert werden. Dies erleichtert das Anwachsen am neuen Platz wesentlich.

Vorbereitung der Pflanzgefäße

Schauen Sie nach den Abzugslöchern. Falls noch keine vorhanden sind, so müssen unbedingt Löcher hineingebohrt

Von oben nach unten:
Abdecken der Abzugslöcher, einpflanzen und angießen.

Das Überbrausen der Pflanzen beim Gießen fördert Krankheiten.

werden. Die Gefäße müssen von Resten der Vorjahreserde gründlich gesäubert werden, damit keine Krankheiten auf die neue Bepflanzung übergehen. Damit die Erde beim Einfüllen nicht die Abzugslöcher verstopft, legt man eine Tonscherbe oder einen Stein über das Loch. Da es nur wenig Balkonblumen gibt, die Staunässe vertragen, sollte eigentlich immer für eine gute Draina-geschicht im Kasten gesorgt werden. Dazu verwendet man Kieselsteine oder Tonscherben, die in einer 3–5 cm dicken Schicht in den Kasten gefüllt werden.

Dann wird soviel Erde eingefüllt, daß die Wurzelballen noch hineinpassen und 1–2 cm bis zur Oberkante des Kastens frei bleiben. Diese Pflanzen sind noch nicht fertig ausgewachsen und brauchen für ihre Entwicklung rundherum noch etwas Platz. Setzen Sie die Ballen im richtigen Abstand zueinander.

Kästen mit nur 10 cm Breite können nur einreihig bepflanzt werden, d.h. die Ballen werden in einer Linie nebeneinander gesetzt. Kästen mit 20 cm Breite können zweireihig bepflanzt werden. Dabei werden die überhängenden Pflanzen nach vorne angeordnet und die stehenden nach hinten. Jetzt müssen die Ballen so von oben mit Erde bedeckt werden, daß noch ein gut 1 cm hoher Gießrand übrig-bleibt. Erde und Ballen werden nun mit den Fingern gut angedrückt.

Füllen Sie die Erde zu hoch ein, so kann es passieren, daß das Wasser über den Rand außen am Kasten herunterläuft und die Wurzeln vergeblich auf das frische Naß warten.

Zu guter Letzt wird alles durchdringend angegossen. Einem üppigen Wachstum steht nun nichts mehr im Wege.

Richtig gießen

Wann gießen?

Nur dann gießen, wenn sich die Erde trocken anfühlt!

Den Gießvorgängen sollten immer wieder Abtrocknungsphasen folgen, da die Wurzeln anfangen zu faulen, wenn sie längere Zeit im Nassen stehen.

Prüfen Sie mit dem Finger die Erde und gießen Sie nur dann, wenn sich der Boden trocken anfühlt und die Pflanzen noch nicht schlappen.

Denken Sie daran, daß auch bei **Regen** gegossen werden muß, da die Blätter meistens das Wasser außen am Kasten vorbei leiten.

Wie Gießen?

Lieber nicht so häufig, dafür aber so-lange, bis das Wasser aus den Abzugs-löchern heraustropft.

Übersprühen Sie **nie** die Blätter beim Gießen, denn das fördert Krankheiten. Gehen Sie mit dem Gießhals unter die Blätter direkt an die Erde.

Wie oft muß gegossen werden?

Im Porträtteil erfahren Sie, wie hoch der Wasserbedarf der jeweiligen Pflanze ist. In den kühleren Jahreszeiten im Früh-jahr und Herbst reicht einmal Gießen am Tag völlig aus.

Morgens oder abends gießen?

Im Frühjahr und Herbst wird morgens gegossen, damit die Pflanzen im Laufe des Tages wieder abtrocknen können. Im Sommer wird morgens und abends gegossen.

Die Gießkanne sollte immer vollgefüllt in der Sonne stehen, damit sich das Was-ser bis zum nächsten Gießen erwärmen kann. Im Hochsommer muß oftmals tagsüber nachgegossen werden, dann ist das Wasser warm und die Pflanzen bekommen keinen Kälteschock.

Automatische Bewässerung

Das Gießen ist eigentlich eine schöne Tätigkeit und eine Möglichkeit, die Pflanzen zu beobachten und so man-chen hektischen Tag ausklingen zu lassen. Hat man jedoch lange Balkonreihen mit Wasser zu versorgen, kann das tägliche Gießen schnell zu einer anstrengenden und zeitraubenden Pflichtübung werden. Hier hilft ein Langzeitbewässerungs-system, bei dem die Balkonblumen in einen doppelbödigen Balkonkasten gepflanzt werden. Die Pflanzen versor-gen sich dann über ein Vlies aus einem Wasserreservoir im unteren Kastenbe-reich für etwa 2 Wochen selbst. Schwieriger wird die Situation, wenn Sie im Sommer verreisen wollen, und nie-mand zumuten wollen, Ihre Pflanzen zu versorgen. Dann ist eine Installation einer automatischen Bewässerungsan-lage (Tropfbewässerung) unumgänglich. Die Arbeits- und Wasserersparnis einer Tropfbewässerung ist aber derart groß,

daß sich die fälligen Strom- und Wasser-
installationen schnell bezahlt machen.
Lassen Sie sich auch dann nicht von
einer nachträglichen Installation
abschrecken, wenn sich der nächste
Anschluß weit entfernt vom Balkon
befindet. Mit flexiblen Kupferrohren
kann man vom nächstgelegenen Wasseranschluß zum Balkon eine Leitung
legen. (Je nachdem, ob sich der Balkon
im oberen oder unteren Stockwerk
befindet, wird die Leitung vom Bad über
den Dachboden bzw. vom Keller zum
Balkon gezogen.

Tropfbewässerung

Ein Tropfbewässerungssystem besteht
im wesentlichen aus Plastikrohrleitun-
gen und Tropfschläuchen sowie einem
Feuchteregelersystem.
Wenn Sie über einen Wasser- und Stromanschluß verfügen, können Sie eine
automatische Bewässerung mit Tensio-
Fühler verwenden. Dabei steuert ein
empfindlicher Feuchtefühler (Tensiome-
ter) über einen elektrischen Regler die
Wasserzufuhr. Der Fühler wird in den
Wurzelbereich einer repräsentativen
Pflanze gesteckt. Mit einem dazwischen
geschaltetem Düngemischer kann bei
jedem Gießvorgang niedrig dosiert
gedüngt werden. Mit dieser Anlage
erreicht man Blührekorde ohne aufwen-
dige Pflegearbeiten. Soll Regenwasser
aus einem Faß eingespeist werden,
so kann dies mit einer eigens dafür entwickelten Pumpe geschehen.
Auch für Balkon ohne Stromanschluß
gibt es gut bewährte Systeme. Bei
»TROPF-BLUMAT« und »BETA 8« reagieren alle Tropfer völlig unabhängig von-
einander. Deshalb werden auch Pflanzen mit unterschiedlichem Wasserbedarf bedarfsgerecht versorgt. Die Systeme werden entweder mit einem
Druckreduzierer an die Wasserleitung
angeschlossen, oder man bezieht das
Wasser von einem hochgestellten Tank.

Eine weitere Variation stellt das Bewäs-
serungssystem MICRO-DRIP von Garde-
na dar, bei dem über einen Computer
verschiedene Gießintervalle sowie die
Gießdauer eingestellt werden kann.
Wichtig: Ziehen Sie bei der Installation
einen Fachmann zu Rate. Die Anlage
sollte mindestens 1 Monat auf ihre Funk-
tionssicherheit hin überprüft werden.

Warum düngen?

Für ein gesundes Wachstum brauchen
Pflanzen eine Vielzahl an Nährstoffen.
Pflanzen können die Nährstoffe nur in
gelöster Form aufnehmen. Im Boden
werden normalerweise die organischen
Bestandteile von Mikroorganismen langsam abgebaut und in eine mineralische
Form verwandelt. So sind sie für die
Pflanzen aufnahmefähig. Diesen Vor-
gang nennt man Mineralisierung.
Für die Balkonblumen, die in einem
sehr begrenzten Gefäß ein Höchstmaß
an Blüten hervorbringen sollen, ist diese
natürliche Nährstoffbereitstellung durch
die Mikroben nicht ausreichend.
Sie müssen zusätzlich mit einer »künst-
lichen« Düngung in Form von minera-
lischem oder organischem Dünger regelmäßig versorgt werden.

Im Steckbriefteil finden Sie in den Pflan-
zenbeschreibungen die Nährstoffbedürf-
nisse der jeweiligen Pflanzen wieder.
Der Nährstoffbedarf weicht je nach
Lebensphase der Pflanzen vom Schema
ab. Eine Pflanze im Kindesalter benötigt
natürlich nicht so große Nährstoffmen-
gen wie eine ausgewachsene Balkonblume, die eine große Blatt- und Blüten-
masse versorgen muß. Der Nährstoff-
umsatz ist auch abhängig von den
Lebensbedingungen, wie Licht und Wärme. Ein erfahrener Blumenliebhaber mit
dem sprichwörtlichen »grünen Daumen«
beobachtet das Wachstum und diese
Faktoren und versucht, die Düngung
diesem momentanen Bedarf möglichst
optimal anzunähern. Die Pflanzen
sind dann am vitalsten, wenn sie weder
unter- noch überversorgt sind.
Bei der Düngung unterscheidet man
grundsätzlich zwischen Grunddüngung
und Nachdüngung.

Grunddüngung von Fertigerden

Damit den frischgepflanzten Balkonblumen gleich zu Beginn eine ausreichende
Nährstoffmenge zur Verfügung steht,
muß die Erde eine Grunddüngung erhalten haben. Sie erfolgt normalerweise
mit einem Langzeitdünger.
Fertigerden: Die gebrauchsfertigen Blumenerden, zu denen auch die Einheitserden zählen, wurden bereits vom Hersteller mit einem Depotdünger grund-
gedüngt und können deshalb sofort
bepflanzt werden. Die Dauer der Nähr-
stoffdepotwirkung ist der jeweiligen Verpackung zu entnehmen. Es gibt Erden
mit einer Langzeitwirkung von 3–4 Mo-
naten. Normalerweise reicht der
Grunddünger aber nur für die ersten
6–8 Wochen nach dem Einpflanzen
aus. Nach diesem Zeitraum **muß** eine
Nachdüngung erfolgen.

Die große Palette der Düngemittel.

Nachdüngung von Fertigerden

Rechtzeitiges Nachdüngen nicht vergessen!
Wenn die Balkonblumen, durch die Grunddüngung optimal versorgt, in ihrer ersten Blühphase schön blühen, kann es leicht passieren, daß eine rechtzeitige Nachdüngung versäumt wird. Die Pflanzen geraten dann in eine Mangelsituation, in der sie keine weiteren Blüten mehr bilden können. Es kommt zu dem gefürchteten »Sommerloch«. Damit es nicht so weit kommt, muß der genaue Termin zum Nachdüngen eingehalten werden.

Nachdüngungsmethoden bei Fertigerden

1. Aufstreuen eines Dauerdüngers

Die einfachste, aber gleichzeitig aufwendigste Nachdüngungsmethode ist das Aufstreuen eines Langzeitdüngers auf die Blumenerde. Sie ist nur dort sinnvoll, wo mit der Hand von oben in den Kasten gegossen wird, damit sich der Dünger auch auflösen kann. Je nach Wirkungsdauer des verwendeten Düngers ist eine maximal zweimalige Anwendung erforderlich (z.B. Plantosan). Für den Hobbygärtner gibt es Langzeitdünger in Form von **Düngestäbchen.** Diese Stäbchen werden einfach in die Erde gedrückt. Die Wirkungsdauer und die Anzahl der notwendigen Stäbchen sind auf der Verpackung vermerkt. Für einen Standartbalkonkasten von 20 cm werden für Mittelstarkzehrer mindestens zwanzig Stäbchen benötigt.

2. Wöchentliche Flüssigdüngung

Am häufigsten werden die Balkonblumen mit einem Flüssigdünger im wöchentlichen Rhythmus ernährt. Verwenden Sie hierfür einen phosphatbetonten Volldünger, den Sie im Handel als »Blühdünger«, »Balkonblumendünger« oder »Geraniendünger« vorfinden.

Ein phosphatbetonter rein organischer Dünger ist der »Peru-Guano«Blütendünger. Eine weitverbreitete Düngeempfehlung ist die wöchentliche Gabe im Gießwasser mit einer Konzentration von zwei Promille. Die dabei ausgebrachte Menge entspricht in etwa dem durchschnittlichen Nährstoffbedarf von schwach- und mittelstarkzehrenden Pflanzen.
Für starkzehrende Balkonblumen ist sie aber auf keinen Fall ausreichend. Dies mag der Grund sein, daß viele Balkonpflanzen oft recht verhungert ausschauen, denn dem Wuchseifer und der potentiellen Blühleistung starkzehrender Sommerblumen wird durch eine Unterversorgung wenig Rechnung getragen.

3. Flüssigdüngung bei jedem Gießgang

Es ist bei den Pflanzen genauso wie bei den Menschen. Wenn Sie durch nur eine Mahlzeit den gesamten Tagesbedarf oder etwa Wochenbedarf an Lebensmitteln essen, bekommen Sie Bauchschmerzen und nach einem Tag schon wieder kräftigen Hunger. Auch bei den Pflanzen sollte man die »Mahlzeiten« verteilen und lieber weniger, dafür aber öfter Dünger zuführen.
Die beste und sicherste Methode, vitale und durchblühende Sommerblumen zu erhalten, ist eine kontinuierliche, schwach konzentrierte Düngergabe **bei jedem Gießvorgang**, angepaßt an die Nährstoffbedürftigkeit der jeweiligen Pflanzen. Geben Sie die benötigte Düngermenge nicht auf einmal ins Gießwasser, sondern besser in mehreren kleinen Gaben über die Woche verteilt. So bekommt die Pflanze keine »Bauchschmerzen« und »ißt« immer nur so viel, wie sie gerade vertragen kann.
Bei dieser Methode sind die Düngergaben automatisch an den Witterungsbedarf und die Lebensbedingungen gekoppelt. Bei schönem Wetter verdunsten die Blätter viel Wasser und verbrauchen somit auch eine entsprechend höhere Nährstoffmenge. Durch das häufigere Gießen an solchen heißen Tagen

bekommen die Blumen auch entsprechend mehr Nährstoffe zugefügt. Bei schlechtem Wetter wird weniger gegossen und automatisch weniger gedüngt.

Abmessung von niedrigdosierten Düngergaben

Bei den Schwachzehrern wird ein gehäufter Teelöffel (ca. 5 g) in einer Gießkanne Wasser (10 l) aufgelöst. Bei den Mittelstarkzehrern werden somit 1–2 Teelöffel (ca. 5–10 g) in einer Gießkanne Wasser (10 l) aufgelöst. Bei den Starkzehrern werden 2–3 Teelöffel (ca. 10–15 g) in einer Gießkanne Wasser (10 l) aufgelöst.
Wichtig: Damit sich der Dünger vollständig auflöst, kräftig umrühren.
Bei Flüssigdünger verfahren Sie ähnlich. Hier ist die Düngemenge auf die Verschlußkappe bezogen (siehe Verpackungsaufschrift). Wenn Sie eine 5 ml Kappe als Meßeinheit haben, nehmen Sie für Schwachzehrer eine Kappe Flüssigdünger auf 10 Liter Wasser, für Mittelstarkzehrer zwei Kappen und so weiter. Optimal verläuft die Nährstoffversorgung bei einer Tröpfchenbewässerung mit einem dazwischen geschalteten Düngemischer. Einmal installiert und einjustiert, kann man dann seine Hände den ganzen Sommer über in den Schoß legen, denn von da ab geht alles automatisch.
Bei der Verwendung einer vorgedüngten Fertigerde gießt man zunächst ohne zusätzliche Düngung. Erst nach 6–8 Wochen wird mit dem Düngen begonnen. Man rechnet hier mit einer durchschnittlich sechsmaligen Gießtätigkeit pro Woche und stellt das Gerät auf 0,5 bzw. 1,0 Promille ein.

Düngung von Selbsthergestellten Komposterden

Wenn Sie genormte, normale Blumenerde verwenden, sind die Pflanzennährstoffe in einem ausgewogenem Verhältnis vorhanden. Bei eigenen Mischungen mit Kompost können aber durch einen Überschuß bzw. Mangel eines Haupt- oder Spurenelementes an der Pflanze Mangelerscheinungen auftreten. Die Pflanzen reagieren mit Kümmerwuchs und mit mehr oder weniger chlorotisch oder rötlich verfärbten Blättern. Um diese Unsicherheit in den Griff zu bekommen, sollten Sie von Ihrer Komposterde eine Probe entnehmen und einem Labor schicken. Sie erhalten dann neben Angaben über den Nährstoffgehalt eine Düngeempfehlung.

Normalerweise enthält Kompost einen sehr hohen Phosphor- und Kaligehalt, sehr viel Kalk, aber wenig Stickstoff. Die Spurennährstoffe sind in einem ausgewogenen Verhältnis vorhanden.

Der teilweise sehr hohe Kalkanteil ist deshalb ungünstig, weil er den pH-Wert so weit erhöhen kann, daß das Eisen für die Pflanze nicht mehr verfügbar ist. Die Pflanzen reagieren mit Chlorosen an den jungen Blättern. Diese Chlorosen können leicht behoben werden, indem Sie mit einem speziellen Eisendüngertyp (Flory 72 Eisen-EDDHA) düngen, der extra für zu hohe pH-Werte entwickelt wurde.

Grunddüngung:

Da Kompost sehr reich an Nährstoffen ist, muß dieser selbst als organisches Düngemittel betrachtet werden, dem lediglich Stickstoff fehlt. Fügen Sie deshalb gleich beim Mischen der Erde einen organischen Stickstoffdünger in Form von Hornmehl bei.

Aufwandmenge: 4–6 kg/m^3 Erde je nach den Analysewerten, die die Untersuchung ergeben hat.

Nachdüngen:

Für schwachzehrende Pflanzen genügt normalerweise dieser Nährstoffvorrat völlig. Mittel- und Starkzehrer müssen nach 4–6 Wochen eine regelmäßige Nachdüngung erhalten.

Dabei verwenden Sie am besten einen sauer wirkenden, stickstoffbetonten Volldünger.

Die richtige Auswahl der Gehölze

Achten Sie bei der Wahl Ihrer Pflanzen darauf, daß nur solche mit ähnlichen Ansprüchen zusammengepflanzt werden. Bei den Gehölzen werden zwei große Gruppen unterschieden:
1. Die Kalkliebenden
2. Die Moorbeetpflanzen
Man darf immer nur die Pflanzen innerhalb einer Gruppe miteinander kombinieren. Die Wuchskraft der Pflanzen muß dem Gefäß angemessen sein. Lassen Sie sich in der Baumschule beraten. Schauen Sie sich beim Kauf der Pflanzen die Ballen an. Gesunde Wurzeln zeigen immer weiße Wurzelspitzen.

Im Holzkübel sind die Pflanzen vereint, die saure Erde lieben.

Die richtige Erde für die Dauerbepflanzung

Im Gegensatz zur Wechselbepflanzung bleiben Gehölze und Stauden über viele Jahre im gleichen Gefäß und in der gleichen Erde. Damit eine hohe Strukturstabilität über einen langen Zeitraum gewährleistet ist, müssen den Erdmischungen mindestens 30–40 % mineralische Stoffe beigemengt werden. Am besten bewährt haben sich gebrochener Blähton, Blähschiefer, Lava, Bims oder Ziegelbruch.

Grundsätzlich sollten nur solche Pflanzen in ein Gefäß zusammengesetzt werden, die ähnliche Ansprüche an den pH-Wert der Erde stellen. Neben den kalkliebenden Gehölzen gibt es noch die Moorbeetpflanzen, die ein saures Substrat benötigen.

Nadelgehölze und Wildstauden zählen zu den Schwachzehrern. Laubgehölze und Prachtstauden zu den Mittelstarkzehrern.

Einpflanzen von Gehölzen in Kübel und Kästen

Gehölze und Stauden werden meistens in Töpfen oder Containern angeboten und können das ganze Jahr über eingesetzt werden. Nur der Boden darf nicht gefroren sein.

Laubgehölze und Rosen gibt es auch ohne Erde als preisgünstige »Wurzelware« und Nadelgehölze als »Ballenware«. Diese werden am besten im zeitigen Frühjahr eingepflanzt.

Erfahrungsgemäß wachsen im Frühjahr gepflanzte Gehölze am besten an und sind schon gut vorbereitet für den kommenden Winter. Haben Sie den Frühjahrstermin versäumt, so gibt es noch die Möglichkeit, im Herbst die Pflanzung nachzuholen.

Isolierung der Gefäße als Frostschutz:
Die Wurzeln sind die frostempfindlichsten Organe an der Pflanze. Sie müssen beim Einsetzen der Pflanzen in die Töpfe **immer** einen Ballenschutz vorbereiten. Dafür schneiden Sie sich 5–10 mm Styroporplatten bzw. Noppenfolie zurecht und kleiden die Kübel und Balkonkästen an den Innenwänden lückenlos damit aus. Auf die Bodenfläche wird als Drainage eine 5 cm hohe Schicht Blähton aufgebracht. Blähton wirkt sehr gut isolierend und speichert das Wasser.

Auf diese Weise vorbereitete Gefäße brauchen dann im Winter nicht mit der häßlichen Noppenfolie von außen geschützt werden.

Drainage: Ausnahmslos alle Gehölze, auch Moorbeetpflanzen, sind gegen Staunässe sehr empfindlich. Deshalb muß überschüssiges Wasser schnell aus dem Gefäß abfließen können. Wichtig: Jedes Pflanzgefäß muß genügend Wasserabzugslöcher im Boden aufweisen.

Diese müssen manchmal extra aufgebohrt oder erweitert werden. Um ein Verstopfen der Löcher zu verhindern, decken Sie diese mit Tonscherben ab. Darüber kommt dann eine Drainschicht aus Blähton (im Kasten 3 cm, im Container 5–10 cm).

Filterschicht: Damit keine Erde in die Drainage geschwemmt wird und diese verschlemmt, legen Sie nun das gesamte Gefäß so mit einem Vlies aus, daß die Enden über den Kasten hängen. Erst nach dem Einfüllen der Erde wird es sauber abgeschnitten.

Einfüllen der Erde: Das so vorbereitete Gefäß kann jetzt mit Erde gefüllt werden. Drücken Sie hin und wieder leicht an, damit sich später die Erde nicht setzt. Sie dürfen die Pflanze nicht zu hoch setzen, damit noch ein Gießrand bleibt.

Einpflanzen: Containerpflanzen müssen natürlich vor dem Einsetzen ausgetopft werden. Die Wurzeln wickeln sich im Topf um den Ballen und müssen unbedingt vorher aufgerissen und gelockert werden. Stellen Sie nun alle Pflanzen in das mit Erde gefüllte Gefäß. Wenn die Ballen etwa 2 cm unterhalb der Gefäß-

kante zu stehen kommen, haben Sie die richtige Höhe erreicht. Nun können Sie die Zwischenräume von allen Seiten mit Erde auffüllen. Vergessen Sie aber nicht den Gießrand!

Ballenpflanzen: Setzen Sie die Pflanzen mit dem Ballentuch ein.
Wichtig: Das Ballentuch muß dann am Stamm geöffnet werden.

Wurzelware: Vor dem Einpflanzen sollten Sie die Wurzeln 2–3 Stunden in ein Wasserbad stellen. Schneiden Sie die Wurzeln vorher an, so können sie sich gut vollsaugen.

Angießen: Zum Schluß werden die Pflanzen gründlich angegossen. Wässern Sie solange, bis das Wasser aus den Abzugslöchern wieder austritt. Damit ist sichergestellt, daß auch tiefere Erdschichten durchfeuchtet sind.
Wichtig: Steht das Gefäß auf dem Boden, muß dafür gesorgt werden, daß das Wasserabzugsloch nicht durch den Boden abgedichtet wird. Stellen Sie die Töpfe daher auf 1–2 cm dicke Holzlatten.

Düngen der Dauerbepflanzung

Als Schwachzehrer (Nadelgehölze, Wildstauden) bzw. Mittelstarkzehrer (Laubgehölze, Prachtstauden) haben die ausdauernden Pflanzen eher bescheidene Düngeransprüche. Sie werden deshalb entweder mit den langsam wirkenden Depotdüngern oder mit einem organischen Vorratsdünger mit Nährstoffen versorgt.

Zum Beheben einer akuten Nährstoffmangelsituation (erkenntlich an einer Aufhellung der älteren Blätter) verwenden Sie als kurzfristige Düngemaßnahme Nitrophoska perfekt (15:11:17).

Wirksamer Ballenschutz verhindert das Erfrieren: Noppenfolie.

Immergrüne Gehölze haben einen erhöhten Magnesiumbedarf. Zeigen die Gehölze gelbe Aufhellungen an den Nadeln bzw. Blättern, wird zusätzlich mit Kalimagnesia gedüngt. (Im Handel auch als Tannendünger bezeichnet)

Näheres zur Düngung der Gehölze

1. Bei Verwendung von Einheitserde:

Ideale Dünger für Gehölze sind Plantosan, Plantocote und Osmocote plus. Plantosan mit einer Wirkungsdauer von 8–10 Wochen wird zweimal im Jahr, im zeitigen Frühjahr und im Mai, auf die feuchte Erde gestreut. Das Granulat löst sich langsam auf und gelangt mit dem Gießwasser an die Pflanzenwurzel. Etwas umständlich ist die zweite Gabe, wenn die Pflanzen voll belaubt sind. Es darf kein Dünger auf den Blättern liegen bleiben. Als Alternative bieten sich hier die praktischen Düngerstäbchen an, die man einfach in die Erde steckt.

Nachdüngen im Pflanzjahr:
Fertigerden enthalten bereits Langzeitdünger. Erst nach Ablauf der Wirkungsdauer (siehe Verpackung) muß nachgedüngt werden. Normalerweise genügt eine einmalige Nachdüngung mit einem kürzer wirkenden Depotdünger wie z.B. Plantosan.

Nachdüngen ab dem 2. Standjahr:
In den darauffolgenden Jahren düngen Sie am besten mit dem extra für Gehölze entwickelten Depotdünger »Plantocote«. Der Anbieter empfiehlt die besonders langsamfließende Neunmonatsform. Es genügt eine einmalige Gabe im zeitigen Frühjahr.

2. Selbsthergestellte Erden:

Vor allem in »belebten« Erden, wie es die selbsthergestellten Erden mit hohem Kompostanteil darstellen, sorgen organisch-mineralische Volldünger für eine gute Nährstoffversorgung der Gehölze.

Nachdüngen im Pflanzjahr:
Kompostreiche Erden enthalten mit Ausnahme von Stickstoff meistens viel Nährstoffe, die für das erste Standjahr der Gehölze vollkommen ausreichend sind. Lediglich der Stickstoffmangel wird mit Hornspänen ausgeglichen. Ein zu hoher pH-Wert kann Blattchlorosen zur Folge haben. Meistens handelt es sich dabei um Eisenmangel. Geben Sie deshalb prophylaktisch das Eisenpräparat Flory 72.

Nachdüngen ab dem zweiten Standjahr:
Wenn Sie danach rein organisch weiter düngen wollen, sollten Sie sich Guano in fester Form besorgen. Alle anderen organischen Volldünger (Oscorna, Hornosca usw.) sind organisch-mineralische Kombinationsdünger, in denen Kali als sofort wasserlösliches Salz beigemengt wurde. Für Gehölze eignet sich Hornosca special (7:3:7) mit seinem relativ geringen Phosphoranteil besonders gut. Alle organischen Dünger müssen in die Erde eingearbeitet oder mit einer 2–3 cm dicken Substratschicht abgedeckt werden, weil die Freisetzung der Nährstoffe durch die Mikroorganismen von Feuchtigkeit abhängig ist.
Tip: Gießen Sie regelmäßig Reste vom Schwarztee in die alkalische Erde. Der hohe Gerbstoffgehalt senkt den pH-Wert.

Gehölze richtig gießen

Auch in ihrem Wasserbedarf sind Gehölze recht bescheiden. Trotzdem müssen sie in dem engen Gefäß im Sommer sowie im Winter regelmäßig gegossen werden. Besonders die Immergrünen verdunsten sogar im Winter während Frostperioden Wasser und müssen deshalb an frostfreien Tagen regelmäßig gegossen werden. Nach einem trockenen Herbst sollten Immergrüne Ende November noch einmal durchdringend gewässert werden.

Einwinterung von Blumenzwiebeln und Stauden

Wenn Sie Ihre Frühlingszwiebeln selbst pflanzen wollen, ist der beste Zeitpunkt der September. Gerade im Herbst finden Sie das größte Angebot und die Zwiebeln haben noch genügend Zeit für die Wurzelbildung. Damit die frostgefährdeten Zwiebeln den Winter sicher überstehen, müssen die Kästen jedoch vor dem Durchfrieren geschützt werden. Es gibt zwei Möglichkeiten:

1. Einwinterung auf dem Balkon:

Sowohl die Innen- wie die Außenisolation der Seitenwände ist möglich. Gut geeignete Materialien sind Styropor und Noppenfolie. Die Bodenfläche wird mit einer 3–5 cm starken Blähtonschicht versehen. Das mit vielen Lufteinschlüssen versehene Tonmaterial drainiert und isoliert gleichzeitig. Über diese Schicht legen Sie ein Vlies und geben

Bei Frost: Kasten-in-Kasten-Methode.

dann erst die Erde und die Zwiebeln hinein. Das Vlies trennt beide Schichten und ermöglicht ein sauberes Trennen beider Materialien. Auf diese Weise können Sie den Hydrostreu immer wieder verwenden. Auf den Kasten legt man dann eine luftige Abdeckung aus Tannenzweigen.

Ist genügend Platz vorhanden, können die Zweige auch vorsichtig zwischen Außenwand und Erde gesteckt werden. Im Frühjahr muß die Abdeckung rechtzeitig entfernt werden. In sehr rauhen Lagen nehmen Sie die Kästen vom Geländer und stellen diese dicht geschlossen an die Balkoninnenwand und packen alles warm mit einem Isoliermaterial ein.

2. Einwinterung im Haus:
Eine sehr sichere Überwinterung erfolgt in einem kalten Schuppen, einer Garage, Tiefgarage oder im Keller.

3. Einwinterung im Garten:
Das fertig bepflanzte Gefäß wird in den Boden ebenerdig eingesenkt und mit Tannenzweigen abgedeckt.

Wichtig: Auch im Winter sollten die Kästen sowohl auf dem Balkon wie im Haus hin und wieder auf Trockenheit hin geprüft werden. Fühlt sich die Erde trocken an, muß im Winter an einem frostfreien Tag behutsam gegossen werden.

Tip: Wenn man für die Sommerblumen 20 cm breite Balkonkästen verwendet, sollte man sich für die Blumenzwiebeln 15 cm breite Kästen als zweiten Satz anschaffen. Dann werden die bepflanzten Frühjahrskästen einfach in die großen Kästen gestellt und der Zwischenraum mit Isoliermaterial ausgefüllt.

Die Gestaltung des Wechselbalkons

Bevor Sie mit dem Bepflanzen beginnen, sollten Sie sich über die Art, wie der Balkon genutzt werden soll im klaren sein. Sehen Sie Ihren Balkon in erster Linie als Schmuckelement Ihres Hauses an, werden die Kästen nach außen gehängt und prächtige Balkonblumen mit einer guten Fernwirkung gepflanzt. Nach außen gehängte Kästen haben den Vorteil, daß Sie weiterhin viel Sitzfläche auf dem Balkon zur Verfügung haben. Wenn Sie aber zu den Menschen gehören, die Ihren Balkon eher als Gartenersatz ansehen, sollten Sie die Bepflanzung nach innen hängen.

Gestaltung der gemischten Kästen

Farbenfrohe Mischbepflanzungen aus verschiedenen Balkonblumenarten erfordern gegenüber der einheitlichen Bepflanzung genauere Kenntnisse über den Wuchstyp der einzelnen Pflanzen. Darüber hinaus steht man einer ungeheuren Fülle von Farben gegenüber, so daß man ein sicheres Farbempfinden braucht, um harmonische Farbkombinationen zu erstellen.

Die Farbzusammenstellung dürfen Sie nicht dem Zufall überlassen. Sehr schnell gerät man in ein regelrechtes Farbenchaos. Legen Sie deshalb ihr diesjähriges Farbkonzept fest, noch bevor Sie ans Einkaufen denken. Denn stehen Sie einmal vor dem riesigen Angebot auf dem Blumenmarkt, wird diese Vorüberlegung ihre Entscheidung erleichtern. Wenn man die Pflanzen in einer Gärtnerei kauft, ist es ratsam, die Kästen an Ort und Stelle zu bepflanzen. Die Kästen werden dann, ohne anschließendes Großreinemachen, fix und fertig an das Geländer gehängt.

Farbzusammenstellungen

Farbzweiklang aus Komplementärfarben

Wenn Sie kontrastreiche Kombinationen lieben, pflanzen Sie Komplementärfarben nebeneinander. Darunter versteht man die Farben, die sich im Farbenkreis gegenüber liegen. Die klassischen Farbenpaare sind Gelb/Violett, Blau/Orange und Rot/Grün. Diese Farben steigern sich gegenseitig und bringen größtmögliche Leuchtkraft (Seite 189, 103 rechts).

Farbdreiklang

Sind Sie Liebhaber kräftiger Farben, können Sie wie der Maler Mondrian einen Dreiklang aus den reinen Grundfarben Gelb, Rot und Blau pflanzen (siehe S. 36). Wenn Ihnen diese Farben zu aufdringlich sind, pflanzen Sie besser einen Dreiklang aus Pastelltönen (siehe S. 102).

Ton in Ton

Die Anhänger zarter Farben können mit einer Ton in Ton-Bepflanzung ihre Lieblingsfarbe in allen Abstufungen erblühen lassen. Damit es nicht langweilig wird, dürfen Sie dabei aber nicht stur bei nur einer Farbe bleiben. Kombinieren Sie entweder die warmen Farben Gelb/Rot/Orange oder die kühlen Farben Blau/Violett/Grün, und machen Sie sich die psychologische Wirkung der Farben zu Nutze: Die warmen Farben sind aktivierend und bewirken eine optische Raumverkürzung. Die kühlen Farben wirken beruhigend und lassen den Balkon weiter erscheinen.

Jede Farbzusammenstellung erfährt eine weitere Steigerung, wenn man Blattschmuckpflanzen dazwischen pflanzt.

Raumgestaltung

Gestaltung einer Balkonbrüstung

Werden mehrere Kästen für den Balkon bepflanzt, muß auf ein harmonisches Gesamtbild geachtet werden. Es macht dann keinen Sinn, jeden Kasten separat zu bepflanzen.

Wenn Sie beim Gärtner einpflanzen, sollten die Kästen nach ihrer Reihenfolge auf dem Balkon numeriert werden. Dann gehen Sie bei der Bepflanzung wie folgt vor: Beginnen Sie mit der Verteilung der Leitpflanzen über alle Kästen hinweg. Dies ergibt ein Grundgerüst, zu dem jetzt die Begleitpflanzen eingesetzt werden. Wählen Sie nur solche Pflanzen, die in ihrem Grundtypus bzw. in ihren Ansprüchen zusammen passen (z.B. Pflanzen mit filigranem Laub werden von großblättrigen Pflanzen schnell überwachsen).

Denken Sie bei der Verteilung der Pflanzung an einen gewissen Rhythmus und variieren Sie ein Thema, indem Sie eine Zusammenstellung aus mehreren Pflanzen wiederholen, jedoch die Reihenfolge jedesmal verändern. Grüne Blattschmuckpflanzen zwischen den Farbklängen entsprechen mit ihrem stillen Charakter einer »Pause«. Damit es noch interessanter wird, können auffällige Charakterpflanzen hin und wieder kräftige Akzente setzen, welche dem optischen »Paukenschlag« entsprechen, der natürlich sparsam eingesetzt wird.

Raumgestaltung mit Kübelpflanzen

Starkwachsende Kübelpflanzen (z.B. *Datura*), insbesondere wenn sie strauchartig gezogen sind, sprengen schnell den kleinen Balkonraum. Auf solche Pflanzen sollte man besser ganz verzichten. Für die Raumgestaltung eines kleinen

Komplementärfarben bringen ein Höchstmaß an Leuchtkraft hervor

Balkons sind Hochstämmchen (Stammhöhe mind. 1,50 m) und Kletterpflanzen an Gerüsten wesentlich besser geeignet (siehe Kapitel Kletterpflanzen). Hochstämmchen sollten nur an windgeschützten Plätzen aufgestellt, oder am Geländer befestigt werden, sonst werden sie ständig vom Wind umgestoßen.

Wie man einen kleinen Balkon optisch vergrößert

Mit einer rückwärtigen Wand aus Spiegeln läßt sich ein kleiner Balkon optisch verdoppeln. Ebenfalls erweiternd wirkt eine vorherrschend in Blau und Violett gehaltene Bepflanzung.

BEZUGSQUELLEN FÜR PFLANZEN:

Duftpflanzen:
Engler Blumenschule
und Gärtnerei
Augsburger Straße 62
89956 Schongau

Fuchsien, Kübelpflanzen:
Firma Heinke
Eichholzstraße 2
44289 Dortmund

Kübelpflanzen:
Flora Mediterranea*
Königsgütler 5
84072 Au i. d. Hallertau

Rhododendron:
D. Heinje Baumschulen*
Hauptstr. 39
26188 Edevecht

Zwerggehölze:
Baumschule Schneider*
Neuenhaus 92
42929 Wermelskirchen

Rosen, Clematis:
Ingwer J. Jensen*
Am Schloßpark 2b
24960 Glücksburg

BEZUGSQUELLEN FÜR GEFÄSSE, BALKONMÖBEL UND BALKONSCHMUCK:

Terracotta-Töpfe
Arte Toskana*
Englingerstr. 18
82544 Moosham

Impruneta-Terracotta:
Bell'Arte
Hessigheimerstraße 12
74354 Besigheim

Töpfe und Gartenzubehör
Blattwerk*
Lachen 1
88214 Ravensburg

Balkonmöbel und -schmuck:
Die Gartengalerie*
Seidlstraße 25
82418 Murnau

Korbmöbel:
GD-Import
Birkenstr. 5
93192 Wald

Exclusive Gartenmöbel:
Garpa*
Kiehnwiese 1
21039 Escheburg b. Hamburg

Balkonmöbel:
Alle Ikea-Einrichtungshäuser

Ideen für Haus, Balkon und Garten
Grün-Idee*
Iltzleite 36
94034 Passau

* Versand möglich

REGISTER

*A*bies koreana 156
Abutilon-Hybriden 124
Acer japonicum 163
Acer palmatum 163
Ageratum houstonianum 101
Agrostemma githago 151
Ahorn 155
Alchemilla mollis 163
Anagallis 48
Anemone blanda 27
Antirrhinum-Hybriden 79, 99
Antirrhinum majus 63
Aquilegia flabellata 161
Argyranthemum frutescens 34, 53, 98, 103
Aristolochia macrophylla 175
Armeria maritima 156
Asarina barclaiana 141
Asteriscus maritima 44
Aubrieta-Hybride 156
Azaleen, Japanische 164

*B*alkonerde 179
Basilikum 132
Bauerngarten 129
Baumwürger 106
Beerenobst 135
Begonia-Elatior-Hybriden 117, 123
Begonia-Hybriden 101, 104, 109, 117, 122
Begonia-Semperflorens-Hybriden 123
Begonia semperflorens 164
Begonie 97, 101, 104, 109, 117, 164
Bellis perennis 20, 161
Besenheide 85, 89
Bewässerung, automatische 182
Bidens ferulifolia 35, 45, 56
Blaublatt-Funkie 163
Blaue Mauritius 37, 50, 76, 100
Blaues Gänseblümchen 44, 72, 98
Blaukissen 156
Blaustern 19, 29
Blut-Pflaume 156
Bohnenkraut 132
Brachycome multifida 44, 72, 98
Brassica oleracea 85, 88
Brombeere 135
Buchs 164
Buchsbaum 155
Buntblättrige Gundelrebe 125
Buntminze 32, 78
Buxus sempervirens 164

*C*alceolaria integrifolia 48, 102
Callistephus chinensis 52, 83
Calluna vulgaris 85, 89
Calocephalus brownii 85
Canna indica 62
Carex buchananii 162
Carlina acaulis 165

Centaurea cyanus 153
Centradenia 72, 104
Chamaemelum nobile 144
Cheiranthus cheiri 22
Chinesische Nelke 44, 47, 63, 104
Chinaschilf 97
Chrysantheme 85
Citrus 144
Clematis 144
Clematis-Hybriden 174
Clematis alpina 161
Cobaea scandens 141
Coleostephus multicaulis 57, 99, 102
Consolida regalis 44
Convallaria majalis 17, 144, 161
Convolvulus sabatius 37, 50, 76, 100
Convolvulus tricolor 48, 74
Coreopsis 32, 44
Cosmos sulphureus 152
Cotoneaster horizontalis 169
Cotoneaster-Watereri-Hybriden 85
Crocus vernus 26
Cuphea ignea 61
Cytisus 161

*D*ahlia-Hybriden 83, 85, 87
Dahlie 87
Datura suaveolens 144
Dauerbalkon 155, 160, 162
Dauerbepflanzung 8
Dendranthema coronoria 85, 86
Deutzia gracilis 163
Dianthus caesius 156
Dianthus caryophyllus 39, 44, 45, 144
Dianthus chinensis 44, 47, 104
Dianthus-Chinensis-Hybriden 63
Diascia vigilis 35, 68
Dimorphotheca 52
Dreifarbige Winde 48, 74
Duftpelargonien 65, 144, 161
Duftpflanzen 142
Duftsteinrich 48, 55, 104
Duftwicke 129, 138
Düngen 183, 186f
Dyssodia tenuiloba 58, 98

*E*chter Wein 173
Efeu 156, 162, 164, 175
Einheitserde 180
Einpflanzen 181, 186
Einwinterung 187
Eisbegonie 123
Eisenkraut 69
Elatior-Begonie 122
Elfenspiegel 48, 75
Elfensporn 35, 68
Eranthis hyemalis 22
Erdbeere 135
Erde 185
Erica gracilis 88

Erigeron karvinskianus 55
Erika 17, 88
Erysimum cheiri 144
Euonymus 162

*F*ächerahorn 163
Fächerblume 45, 73, 103
Farbzusammenstellung 188
Fargesia murielae 163
Federborstengras 84, 85
Federgras 106, 165
Felicia amelloides 74
Feuerbohne 140
Fingerstrauch 162
Fleißiges Lieschen 47, 51, 98, 102, 114, 117, 118
Frauenmantel 163
Frosthärte 158
Fuchsia 114
Fuchsia-Hybriden 104, 120, 164
Fuchsie 104, 114, 120, 164

*G*alanthus nivalis 20, 144
Gänseblümchen 20
Gartenbambus 163
Gartenreseda 145
Gazania 58, 117
Gazania-Hybriden 47, 48
Gazanie 47, 48, 117
Gebirgshängenelke 45
Gehölze 155, 158
Geißblatt 161
Geißklee 161
Gelbes Gänseblümchen 58
Gemeine Waldrebe 174
Gemüse 130
Geranien 32
Gestaltung 188
Gießen 182, 187
Glechoma hederacea 125
Glockenrebe 141
Goldfieber 35, 45, 56, 106
Goldlack 17, 22
Goldmünze 44
Granatapfel 60
Grasnelke 156
Greiskraut 85, 107
Grunddüngung 183
Gurken 130

*H*albschattenbalkon 93
Hängepelargonie 97
Hängeverbene 69
Harfenstrauch
  siehe Mottenkönig
Hebe-Hybriden 89
Hedera helix 156, 162, 164
Hedera-Hybriden 175
Heidelbeere 135
Heiligenkraut 85
Helianthus annuus 84, 86
Helichrysum petiolare 78
Helichrysum apiculatum 32, 48
Heliotropium 33, 36, 144
Heliotropium arborescens 48, 74, 98, 99, 102, 103
Helipterum roseum 151

Herbstchrysanthemen 86, 106
Himbeere 135
Himmelsröschen 139, 153
Hornklee 57
Hortensie 124
Hosta sieboldiana 163
Humus 180
Husarenknöpfchen 34, 48, 59, 98
Hyazinthe 17, 26
Hyazinthus orientalis 26, 144
Hydrangea 124

*I*mpatiens-Neu-Guinea-Hybriden 114, 119
Impatiens walleriana 47, 51, 98, 102, 117, 118
Impatiens-Walleriana-Hybriden 114
Indisches Blumenrohr 62
Ipomoea 138
Iris pseudocorus 163
Iris reticulata 28, 144
Iris sibirica 163
Islandmohn 162

*J*apanischer Feuerahorn 163
Jelängerjelieber 161
Johannisbeere 135
Jungfer im Grünen 153
Juniperus horizontalis 156

*K*apaster 74
Kapmargerite 52
Kapuzinerkresse 56
Kaskadenblume 72, 104
Kiefer 156
Kinderbalkon 146
Kissenphlox 156
Kissenprimel 20
Klatschmohn 152
Kletterndes Löwenmaul 141
Kletterpflanzen, einjährige 137
Kletterpflanzen, mehrjährige 173
Knollenbegonien 122
Kochia scoparia 78, 83
Komposterde 181
Koniferen 155
Königslilie 54
Kornblume 153
Kornrade 151
Kräuter 132
Krokus 17, 26

*L*amium maculatum 125
Lantana-Camara-Hybriden 62
Lathyrus odoratus 138, 144
Lavandula 144, 161
Lavandula angustifolia 165
Lavendel 161, 165
Leberbalsam 101
Leucanthemum maximum 44
Levkoje 50, 145
Lilie 165
Lilium-Hybriden 144, 165

Lilium regale 54
Limonium sinuatum 39
Lobelia erinus 34, 36, 37, 51, 75, 83, 98, 100, 101, 102, 104, 117
Lobelie 36, 37, 98, 100, 101, 102, 104, 117
Lobularia maritima 48, 55, 104
Lonicera caprifolium 144, 161
Lotus maculatus 57
Löwenmäulchen 63, 99

Mädchenauge 32, 44
Maiblumenstrauch 163
Maiglöckchen 161
Majoran 77, 132, 150
Mangelerscheinungen 180
Männertreu 34, 51, 75, 83
Margerite 98, 103
Matthiola incana 50, 144, 145
Melampodium paludosum 103
Mentha x piperita 144
Mentha suaveolens 32, 78
Mignondahlie 83
Miniatur-Zwergkiefer 156
Mirabilis jalapa 144
Miscanthus sinensis 97
Mittagsgold 58
Mittelstarkzehrer 179
Mottenkönig 50, 77, 97
Muscari armeniacum 29
Muscari botryoides 111
Mutterkraut 52
Myosotis sylvatica 28
Myrtus communis 144

Nachdüngung 184
Nährstoffaufnahme 180
Narcissus 21
Narcissus-Hybriden 144
Narzissen 16, 19, 111
Nelke 39, 44
Nemesia fruticans 48
Nemesia strumosa 75
Nerium oleander 68, 144
Netziris 28
Nicotiana x sanderae 37, 46, 62, 100
Nierembergie 103, 104
Nigella damascena 153

Obst 135
Oenothera biennis 150
»Öko« Blumenerde 181
Oleander 31, 68
Origano 132
Origanum vulgare 77, 165
Ostbalkon 8
Osterglocken 21

Panicum virgatum 35
Pantoffelblume 48, 102
Papaver nudicaule 162
Papaver rhoeas 152
Parthenocissus-Hybriden 174
Passiflora-Hybriden 139
Passionsfrucht 139

Pelargonie 34, 36, 50, 64, 83, 99
Pelargonium 33, 83
Pelargonium-Peltatum-Hybriden 64, 99
Pelargonium zonale 36
Pelargonium-Zonale-Hybriden 34, 50, 64
Pelargonium graveolens 65, 161
Pennisetum alopecuroides 84, 85
Petersilie 132
Petunia-Hybriden 50, 83, 144
Petunia-Surfinia 35, 45
Petunia-Surfinia-Hybriden 70
Petunie 45, 50, 83
Pfeifenwinde 175
Pfingstnelke 165
Pflanzeneinkauf 178
Pflanzenkombinationen 79, 105
Phaseolus coccineus 140
Phlox 47, 48, 156, 156
Phlox drummondii 47, 48
Phlox subulata 156
Pinus mugo 156
Pinus strobus 156
Plectranthus coleoides 50, 77, 144
Pompondahlie 85
Potentilla 162
Prachtstauden 158
Primula acaulis 20
Prunkwinde 138
Prunus x cistena 156
Punica granatum 60

Quamoclit lobata 139

Ranunculus asiaticus 23
Ranunkel 23
Raumgestaltung 189
Reseda odorata 144, 145
Rhododendron 161
Rhododendron yakushimanum 161
Ringelblumen 129
Rittersporn 44
Rosa-Hybriden 144
Rosen-Sonnenflügel 151
Rosmarin 132
Rosmarinus officinalis 144
Rotblättriger Fächerahorn 163
Rudbeckia hirta 86
Rutenhirse 35

Salat 130
Salbei 47, 51, 84, 132, 165
Salix 19
Salpiglossis 150
Salvia farinacea 47, 51, 84
Salvia officinalis 165
Salvia sclarea 165
Santolina chamaecyparissus 85
Sanvitalia procumbens 34, 48, 59, 98

Scaevola saligna 45, 73, 103
Schattenbalkon 109
Schmuckkörbchen 152
Schneeflockenblume 54
Schneeglöckchen 15, 20
Schnittlauch 132
Schönmalve 124
Schwachzehrer 179
Schwarzäugige Susanne 140
Scilla siberica 29
Segge 162
Seidenbaum 31
Senecio bicolor 85
Sibirische Wieseniris 163
Silberdistel 165
Silene coeli-rosa 39, 153
Solanum rantonnetii 144
Solitärgehölze 158
Sommer auf dem Halbschattenbalkon 97
Sommeraster 52, 83
Sommerzypresse 78
Sonnenbalkon 11
Sonnenblume 84, 86, 129
Sonnenhut 86
Spindelstrauch 162
Stachelbeere 135
Starkzehrer 179
Stauden 157
Sterntalerblume 103
Sternwinde 139
Stiefmütterchen 17, 23
Stipa 165
Strahlenanemone 27
Strauchflieder 39
Strauchmargerite 34, 53
Strauchmispel 85
Strauchveronika 89, 107
Strohblume 32, 48, 78
Studentenblume 32, 34, 36, 44, 58, 98, 99
Südbalkon 8
Sumpfschwertlilie 163
Sutera diffusus syn. Bacopa 54

Tagetes 33, 36, 58, 129
Tagetes erecta 44
Tagetes patula 34, 98
Tagetes tenuifolia 99
Tanacetum parthenium 52, 144
Taubnessel 125
Tausendschön 17
Thujopsis dolabrata 162
Thunbergia alata 140
Thymian 132, 165
Thymus serpyllum 144
Thymus x citriodorus 165
Tomaten 130
Ton 180
Torf 180
Traubenhyazinthe 16, 17, 29, 111
Trichterwinde 138
Trompetenblume 150
Tropaeolum majus 56, 144
Tropfbewässerung 183
Tulipa 24
Tulipa-Hybriden 161
Tulipa humilis 15
Tulpen 16, 19, 24, 161

Vanilleblume 32, 36, 48, 74, 98, 99, 102, 103
Verbena-Hybriden 34, 37, 46, 48, 69, 98, 100
Verbena tenera 51, 69, 101, 104
Verbene 34, 37, 46, 48, 51, 98, 100, 101, 104
Vergißmeinnicht 17, 19, 28
Viola-Wittrockiana-Hybriden 23
Viola odorata 144
Vitis vinifera 173

Wacholder 156
Waldrebe 161
Wandelröschen 62
Wechselbepflanzung 8
Weißes Gänseblümchen 55
Westbalkon 8
Wilder Majoran 165
Wilder Wein 174
Wildpflanzen 148
Winterling 15, 22
Winterschmuck 91, 107
Wunderblume 144

Zierkohl 85, 88
Zierquitte 161
Ziertabak 37, 46, 100
Zigarettenblümchen 61
Zinnia 60
Zinnia-Hybriden 46
Zinnia angustifolia 102
Zinnie 46, 60, 102
Zwerggehölze 157
Zwergwucherblume 57
Zwiebelblumen 16
Zwiebeln 130

DANKSAGUNG:

Die Autoren danken Herrn Alois Reis, Gärtnermeister im Institut für Freiraumpflanzung FH Weihenstephan, für die unermüdliche fachliche Beratung.

Für die Unterstützung bei der Bildproduktion danken wir:

Institut für Zierpflanzenbau der FH Weihenstephan

Fa. Kientzler Jungpflanzen Postfach 100 55457 Gensingen

Fischers Baum- und Rosenschule 85775 Fahrenzhausen-Bärnau 1

Gartenbau Wolf Holzbrünnistraße 17 8540 Haag an der Amper

Ernst Benary Samenzucht GmbH Postfach 1127 34331 Hann. Münden

Fa. Pelargonien Fischer Am Scheid 56204 Hillscheid

Dritte, durchgesehene Auflage (Neuausgabe)

Die Deutsche Bibliothek – CIP-Einheitsaufnahme

Balkon-Träume : die schönsten Ideen für alle Lagen und für das ganze Jahr / Friedrich und Dagmar Strauß Fotos von Friedrich Strauß. – 3., durchges. Aufl. (Neuausg.) – München ; Wien ; Zürich : BLV, 1999
ISBN 3-405-15538-X

BLV Verlagsgesellschaft mbH München; Wien; Zürich 80797 München

Einbandentwurf: Studio Schübel, München
Einbandfotos: Friedrich Strauß

Lektorat: Barbara Kiesewetter
Layout: Anton Walter, Gundelfingen
Herstellung: Sylvia Hoffmann

Druck: Appl, Wemding; Bindung: R. Oldenbourg, München

Printed in Germany · ISBN 3-405-15538-X

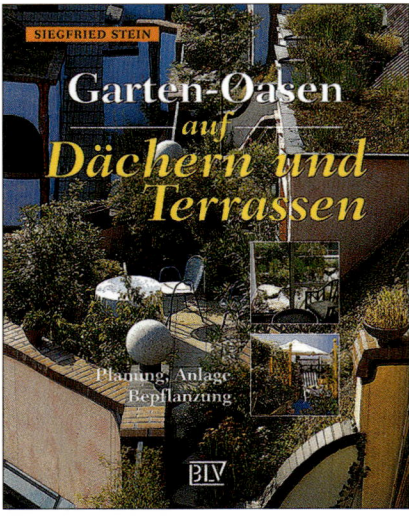